1+X 职业技能等级证书培训教材

轨道交通装备焊接
（中级）

中国中车集团有限公司　编

机械工业出版社

本书是根据国家职业教育 1+X 改革试点要求编写的轨道交通装备焊接职业技能等级培训教材，由中国中车焊接和无损检测培训中心组织行业专家按照《轨道交通装备焊接职业技能等级标准》要求编写而成。

主要内容包括：概述、焊接安全、焊接基础知识、焊接方法、轨道交通装备常用金属材料及其焊接方法、无损检测技术。

本书以轨道交通装备焊接职业技能需求为核心，强化轨道交通装备行业特色，围绕企业需求进行编写，既注重内容与轨道交通装备焊接职业技能要求相匹配，又加强了理论与实践应用的结合，并且紧跟现代科学技术的发展，及时跟踪和介绍国内外焊接行业的新观点和新技术。

本书既可作为应用型本科院校、高等职业院校和中等职业院校轨道交通装备焊接职业技能培训教材，也可供各企业生产一线人员、质量管理及焊接人员、工艺技术人员、研究机构参考学习。

图书在版编目（CIP）数据

轨道交通装备焊接：中级/中国中车集团有限公司编. —北京：机械工业出版社，2021.9
1+X 职业技能等级证书培训教材
ISBN 978-7-111-69730-5

Ⅰ.①轨… Ⅱ.①中… Ⅲ.①轨道交通-交通设施-焊接-职业技能-鉴定-教材 Ⅳ.①U239.5

中国版本图书馆 CIP 数据核字（2021）第 245018 号

机械工业出版社（北京市百万庄大街 22 号　邮政编码 100037）
策划编辑：张维官　责任编辑：张维官
责任校对：邵　蕊　封面设计：桑晓东
责任印制：李　昂
北京联兴盛业印刷股份有限公司印刷
2022 年 7 月第 1 版第 1 次印刷
184mm×260mm・8.5 印张・206 千字
标准书号：ISBN 978-7-111-69730-5
定价：49.00 元

电话服务　　　　　　　　网络服务
客服电话：010-88361066　机　工　官　网：www.cmpbook.com
　　　　　010-88379833　机　工　官　博：weibo.com/cmp1952
　　　　　010-68326294　金　书　网：www.golden-book.com
封底无防伪标均为盗版　机工教育服务网：www.cmpedu.com

轨道交通装备焊接职业技能等级证书培训教材专家委员会

主 任 委 员：楼齐良

副主任委员：魏 东　吴新林

委　　　员：万升云　曾金传　金国宝　王春生　韩晓辉
　　　　　　吕纯洁　张志昌　侍光磊

办公室主任：曾金传

成　　　员：娄树国　李彦坤　曹炜洲　方 雁

《轨道交通装备焊接（中级）》编写委员会

主　　编：钟 奎

副 主 编：吕纯洁　戴忠晨

参编人员：王 霞　闫占奇　杨 一　刘志彬　葛佳棋
　　　　　彭 蝶　张廷旺　张志昌　任彭龙

序

在推动经济高质量发展和产业转型升级的背景下，我国出台了《国家职业教育改革实施方案》（职教20条），提出"在职业院校、应用型本科高校启动'学历证书+若干职业技能等级证书'制度试点工作"。推动1+X证书制度试点工作的实施，是深化复合型技术技能人才培养培训模式改革的重要举措，需要职业院校、行业企业及各类社会力量的广泛参与。

中国中车集团有限公司（简称中国中车）是国务院国资委监管的中央企业，是国家高端装备制造业的排头兵。以高铁为代表的轨道交通装备制造，已成为享誉世界的"国家名片"。发展先进轨道交通装备制造，迫切需要造就一大批能够担当建设制造强国使命的技术技能人才。中国中车发挥央企使命担当，聚焦以先进轨道交通装备为代表的高端装备制造技术技能人才培育，积极参与1+X证书制度试点工作，已成为轨道交通电气设备装调、轨道交通装备焊接、轨道交通装备无损检测三项职业技能等级证书的培训评价机构。中国中车三项X证书，是基于轨道交通装备行业企业的产品技术和人才需求而开发的，具有在多行业广泛应用的价值。

教材是职业培训教学的重要工具。1+X职业技能等级证书培训教材是确保证书质量水平的关键载体。中国中车组织编写了轨道交通电气设备装调、轨道交通装备焊接、轨道交通装备无损检测三项职业技能等级证书的培训教材。为保证教材的质量，中国中车与职业院校教育专家、出版社联手、发挥具有丰富实践经验的一线高层次人才优势，集聚中华技能大奖获得者、内部科学家、首席专家、资深专家等60余人参与编写。在编写过程中，作者始终把教材的内容和质量放在头等重要位置，以职业技能等级标准为纲，充分吸收新技术、新工艺、新规范、新要求等内容，有效体现了教材的实践性、实用性和先进性。

教材开发是一项过程复杂、科学性要求高的活动。中国中车三项证书培训教材的出版，是参与职业教育教材开发的初步探索。教材中的疏漏和不足在所难免。我们将在1+X证书制度试点工作的实践中，不断优化完善，尤其是在活页式、手册式、立体化等新形态教材开发方面，将加大研发力度，为推进1+X证书制度试点工作实施贡献"中车力量"。

中国中车集团有限公司总经理

前　言

职业教育是国民教育体系和人力资源开发的重要组成部分,职业教育的高质量发展,对于培养未来的大国工匠、技能大师等高素质技能人才有着直接的推动作用。随着我国工业的飞速发展,高技能人才短缺的问题逐步显现,传统的职业教育方式已不能满足用人单位的需求。因此,加快发展现代职业教育,推进职业教育改革创新,不仅是提升人力资源素质、稳定和扩大就业的现实需要,更是建设现代化强国的重要举措。

伴随《国家职业教育改革实施方案》的印发,中国中车积极响应和参与1+X职业教育改革创新工作,起草了《轨道交通装备焊接职业技能等级标准》,规范了焊接技能等级考核需满足的条件,将高职院校针对焊接技能培训与用人单位对人员技能的需求完美结合起来,大大提高了高职院校毕业生就业的优势,降低了企业的用人成本。

为进一步贯彻实施1+X轨道交通装备焊接职业技能培训,充分体现轨道交通装备焊接技术培训特点,特组织行业专家编写此书。

本书按照轨道交通装备焊接的实际需要分为概述、焊接安全、焊接基础知识、焊接方法、轨道交通装备常用金属材料及其焊接方法、无损检测技术六章。

由于编写时间仓促,编者水平有限,书中疏漏和不足之处在所难免,敬请各位读者批评指正。

编　者

目 录

序
前 言
第1章 概述 ··· 1
  1.1 行业概况 ··· 1
  1.2 焊接职业发展历程及体系构建 ··· 1
    1.2.1 焊接职业发展历程 ··· 1
    1.2.2 轨道车辆焊接职业发展体系构建 ···································· 3
    1.2.3 轨道交通装备对焊接人员的要求 ···································· 4
  1.3 轨道交通装备焊接零部件重要度分级指导 ································ 4
第2章 焊接安全 ·· 6
  2.1 职业安全 ··· 6
    2.1.1 作业环境 ·· 6
    2.1.2 焊接操作中的危险因素 ·· 7
    2.1.3 预防焊接触电事故的一般措施 ······································· 7
    2.1.4 焊接发生电伤事故的原因及预防措施 ····························· 8
  2.2 环境安全与保护 ··· 8
    2.2.1 焊接环境 ·· 8
    2.2.2 焊接劳动保护措施 ··· 12
第3章 焊接基础知识 ·· 17
  3.1 焊缝标注 ··· 17
    3.1.1 焊接工艺符号 ·· 17
    3.1.2 图样中基本符号的组合与应用 ····································· 17
    3.1.3 焊缝尺寸的标识 ·· 18
    3.1.4 焊工考试中焊缝细节与焊接工艺符号的应用 ·················· 20
  3.2 焊接热输入 ··· 20
    3.2.1 焊接热输入定义 ·· 21
    3.2.2 焊接热输入影响因素 ··· 22
  3.3 焊接应力 ··· 22
    3.3.1 焊接应力的成因 ·· 23

目 录

  3.3.2 减小焊接残余应力的措施 ……………………………………………… 24
 3.4 焊接变形及控制 ………………………………………………………………… 24
  3.4.1 焊接变形的成因 …………………………………………………………… 25
  3.4.2 焊接变形的影响 …………………………………………………………… 25
  3.4.3 预防焊接变形的措施 ……………………………………………………… 25
  3.4.4 消除焊接变形的措施 ……………………………………………………… 26

第4章 焊接方法 ……………………………………………………………………… 27

 4.1 焊条电弧焊 ……………………………………………………………………… 27
  4.1.1 焊条电弧焊的横焊、立焊焊接操作技术 ………………………………… 27
  4.1.2 焊条电弧焊薄板平位置焊接 ……………………………………………… 32
 4.2 熔化极气体保护焊 ……………………………………………………………… 34
  4.2.1 基本原理 …………………………………………………………………… 34
  4.2.2 气体保护焊横焊教学要点 ………………………………………………… 34
 4.3 钨极氩弧焊 ……………………………………………………………………… 38
  4.3.1 焊接原理、分类及特点 …………………………………………………… 38
  4.3.2 钨极惰性气体保护焊设备 ………………………………………………… 39
  4.3.3 电极材料 …………………………………………………………………… 41
  4.3.4 钨极氩弧焊横焊、立焊教学要点 ………………………………………… 43
 4.4 埋弧焊 …………………………………………………………………………… 47
  4.4.1 埋弧焊原理 ………………………………………………………………… 48
  4.4.2 埋弧焊装备 ………………………………………………………………… 48
  4.4.3 埋弧焊材料及选配 ………………………………………………………… 49
  4.4.4 埋弧焊焊接参数 …………………………………………………………… 51
  4.4.5 埋弧焊操作技术 …………………………………………………………… 51
 4.5 搅拌摩擦焊 ……………………………………………………………………… 53
  4.5.1 搅拌摩擦焊原理 …………………………………………………………… 53
  4.5.2 搅拌摩擦焊设备 …………………………………………………………… 53
  4.5.3 搅拌摩擦焊编程 …………………………………………………………… 54
  4.5.4 搅拌摩擦焊操作 …………………………………………………………… 56
  4.5.5 搅拌摩擦焊质量要求 ……………………………………………………… 56
 4.6 激光焊 …………………………………………………………………………… 56
  4.6.1 激光产生的基本原理 ……………………………………………………… 56
  4.6.2 激光焊接的安全与防护 …………………………………………………… 57
  4.6.3 激光焊设备 ………………………………………………………………… 59
  4.6.4 激光焊接的分类 …………………………………………………………… 59
  4.6.5 激光焊的编程及操作 ……………………………………………………… 60
 4.7 电阻焊 …………………………………………………………………………… 61

4.7.1	电阻焊的原理	61
4.7.2	电阻焊的特点	62
4.7.3	电阻焊的分类及应用	62

第5章 轨道交通装备常用金属材料及其焊接方法 … 64
5.1 碳素钢及其焊接方法 … 64
- 5.1.1 碳素钢的种类、标准及性能 … 64
- 5.1.2 碳素钢用焊接材料 … 66
- 5.1.3 碳素钢的焊接性能 … 66
- 5.1.4 碳素钢的焊接方法 … 67

5.2 低合金钢及其焊接方法 … 67
- 5.2.1 低合金钢的编号 … 67
- 5.2.2 低合金钢 … 67
- 5.2.3 低合金高强度结构钢 … 68
- 5.2.4 低合金钢用焊接材料 … 70
- 5.2.5 低合金钢的焊接性 … 70
- 5.2.6 低合金钢的焊接方法 … 70

5.3 不锈钢及其焊接方法 … 71
- 5.3.1 不锈钢的种类、标准及性能 … 71
- 5.3.2 不锈钢用焊接材料 … 75
- 5.3.3 不锈钢的焊接性能 … 75
- 5.3.4 不锈钢的焊接方法 … 76

5.4 铝合金及其焊接方法 … 76
- 5.4.1 铝合金的种类、标准及性能 … 76
- 5.4.2 铝合金用焊接材料 … 81
- 5.4.3 铝合金的焊接性能 … 83
- 5.4.4 铝合金的焊接方法 … 85
- 5.4.5 铝及铝合金焊接准备 … 90
- 5.4.6 铝及铝合金焊接环境要求 … 92

第6章 无损检测技术 … 93
6.1 目视检测技术 … 93
- 6.1.1 概述 … 93
- 6.1.2 物理基础 … 93
- 6.1.3 视力 … 96
- 6.1.4 目视检测装备及仪器 … 99
- 6.1.5 目视检测技术的应用 … 103
- 6.1.6 目视检测的记录 … 105

6.2 磁粉检测 … 106

　　6.2.1　概述 …………………………………………………………………… 106
　　6.2.2　设备器材 ………………………………………………………………… 107
　　6.2.3　磁化方法 ………………………………………………………………… 108
　6.3　渗透检测 …………………………………………………………………………… 110
　　6.3.1　概述 …………………………………………………………………… 110
　　6.3.2　设备器材 ………………………………………………………………… 110
　　6.3.3　检测技术 ………………………………………………………………… 111
　6.4　超声波检测 ………………………………………………………………………… 114
　　6.4.1　概述 …………………………………………………………………… 114
　　6.4.2　设备器材 ………………………………………………………………… 115
　　6.4.3　检测技术 ………………………………………………………………… 117
　6.5　射线检测 …………………………………………………………………………… 119
　　6.5.1　概述 …………………………………………………………………… 119
　　6.5.2　设备器材 ………………………………………………………………… 120
　　6.5.3　检测技术 ………………………………………………………………… 121
　　6.5.4　辐射防护 ………………………………………………………………… 124
参考文献 …………………………………………………………………………………… 125

第 1 章 概　述

1.1　行业概况

轨道交通车辆是现代铁路运输体系的骨干，对国民经济发展具有特殊地位和重要作用。轨道交通车辆发展历史悠久，主要分为客车、货车、机车三大系列。随着轨道交通车辆的发展，产品谱系呈现多元化、系列化的发展趋势。轨道客车包括高速动车组、城际动车组、干线铁路客车、城轨地铁及有轨电车等；铁路货车分为通用货车和专用货车，主要类型有棚车、罐车、敞车及平车等；铁路机车分为客运机车、货运机车、客货通用机车、调车机车及工矿机车，产品类型有蒸汽机车、柴油机车、内燃机车及电力机车等。当前，轨道交通车辆正朝着高速、重载、便捷的方向快速发展，并取得了一系列重大成就。

1.2　焊接职业发展历程及体系构建

1.2.1　焊接职业发展历程

1. 现状

我国的焊接技术教育分为科学研究、工程技术、综合技能和操作技能四个层面，其中前两个属于学历教育，后两个层面属于职业教育。科学研究层面一般指的是高等院校和科研院所的博士研究生和学术性硕士研究生教育；工程技术层面一般指的是高等院校的本科生和专业性硕士研究生教育；综合技能层面是高职高专和中职中专的专科生教育；操作技能层面是各行业培训学校的焊工培训。在初级焊接技能人才培养方面，以全国各省市的大中专职业学校为主力。目前在全国高职高专和中职中专学校中，开设焊接专业的学校有近80所，焊接专业毕业生就业情况良好。在中高级焊接职业技能方面，中国焊接培训与资格认证委员会全面负责我国的焊接培训和认证工作。我国现有总计200余家各类职业培训机构可以进行焊接从业人员的职业培训，随着我国对焊接质量要求的提高以及产品大量出口，国内对符合国际标准的焊接技能认证提出了广泛的要求，通过开展国际合作，引入了欧洲和美国焊接资格培训和认证标准，对我国焊接职业发展起到了重要作用。

目前高职院校教学主要以手工焊为主，自动化焊接课程较少，实训设备陈旧，自动化高效焊接设备几乎没有，在智能制造的大环境下，以传统焊接技术为主的专业人才培养与企业的需求存在差距，专业结构与产业结构不匹配，人才培养方案滞后于产业发展现状，导致毕业生职业能力与企业岗位需求出现脱节，陷入专业发展困难和企业招工困难的两难境地。由于焊接技能专业招生不稳定、培养成本高等原因，所以职业院校焊接专业教学设备投入较少，教学设备陈旧，数字化教学手段严重不足，仿真模拟平台、焊接机器人等数字化设备更是难觅踪影。

2. 前景

焊接技术不断进步与发展，焊接的技术门类不断拓展，从传统的手工焊接作业模式逐步向机械化、自动化、智能化方向演变，未来对焊接技能人才的需求将不仅仅是手工焊接，机械化、自动化、智能化焊接设备的焊接操作工将会得到更多的青睐，当然轨道车辆要想实现全部的机械化、自动化、智能化还有很长的路要走，基于现有的轨道车辆焊接结构和电弧焊技术，手工焊接在未来几年仍将占据一席之地，对焊接技能人才的需求依然很旺盛，焊接技能人才的培养将逐渐地从实物转向虚拟培训与实物相结合的模式。

随着中国制造技术的快速发展，工业机器人应用越来越广泛，焊接装备面临从手动、半自动到自动化和智能化的升级，传统焊接技术消耗大、产出低、质量差、效益低，难以满足质量、效率、成本的要求。在企业生产中更多地采用以自动化焊接为代表的高效、优质焊接工艺技术已成为趋势，而传统焊接培训不仅消耗大量培训材料、污染环境、有害身体健康，同时由于环境的限制，使教员在新焊工培训过程中无法及时地对学员的动作进行规范，只能根据焊接后的焊缝情况分析指导学员的操作，培训效果不甚理想。基于虚拟现实的焊接仿真模拟不同的焊接方法在不同焊接参数下的焊缝成形过程，采用仿真焊接培训系统（见图1-1）教学具有节省培训成本及培训时间、增强培训管理、提高培训效果、改善培训环境等优点，为学员提供了一种有益的学习手段，加快学习进程，是对传统焊接培训的必要补充。基于虚拟现实的仿真焊接培训系统替代真实焊接系统，能够提供焊条电弧焊、CO_2气体保护焊和氩弧焊不同场景、不同型材和角度的实训模拟，无需消耗焊件和焊接材料、无强电磁污染、无化学光学污染、节能环保，方便学习与操作，受训者可以在虚拟现实中完成多种焊接技能培训，使受训者可以像操作真实焊接设备一样获取焊接操作的实际经验和技能。结合虚拟现实培训，开展实物操练，进一步提升焊接真实操作的感觉，实现虚拟到实际的过渡，大大降低培训成本。

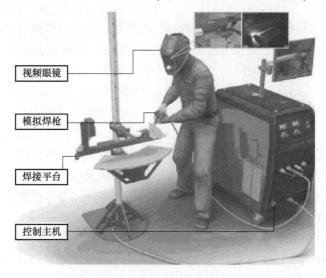

图1-1 仿真焊接培训系统

未来的焊接职业技能人才培养必然要以低成本、高效率、多能工为目标，培养的人才既要精、又要专、还要多能，焊接职业技能体系需要构建"虚实一体化"专业实训基地，培养模式以校企结合为最优，加强企业与学校、焊接生产设备品牌企业交流合作，在学校建设VR焊接仿真和机器人仿真先进设施设备实训室，将虚拟仿真训练理论传授与实际操作相结合，采用虚实一体的教学模式，教学中可使学生在虚拟仿真环境进行互动，提升学生对焊接设施的感知和认识能力。

1.2.2 轨道车辆焊接职业发展体系构建

为了满足轨道车辆焊接技能人才的需求，全国大、中专职业院校每年向中车各子公司输送了大量的焊接技能人才，尤其是原各机车厂下属的铁路职业院校，每年定向输送大批的焊接技能人才，保证了中国铁路近些年的高速蓬勃发展。同时，由于近些年高速铁路的快速发展，主机厂的焊接技能人才已不能满足现有产能的需求，因此产生了大量的社会招聘、工序委外等多种用工模式，带来了人员技能水平、职业素养参差不齐的弊端。为了保证产品质量不受影响，各个公司投入了较大的精力进行人员技能、质量意识、职业素养等方面的培养，为此各公司内部设立了培训中心、焊工实训基地、技能大师工作室等人才培养机构，通过引入 EN 15085：2007 焊接体系和美标焊接体系资格认证，参加嘉克杯、世界技能大赛等国内外不同等级的焊接技能比赛（见图1-2），逐步构建了焊接职业发展体系，为中国的轨道交通车辆事业培养了大批的焊接技能人才。

图1-2 焊接技能比赛场景

近年来，在我国以高铁等为代表的产业迅速发展的带动下，全国掀起了制造强国的热潮，公众对"大国工匠""大国能手""高级蓝领"等技能人才的认可和赞誉，大大提高了技能人才的声誉，我国焊接职业教育培训事业取得了长足的发展。当前，在全球经济低迷，以美国为首的贸易保护主义开始抬头，在我国经济增速放缓的新常态下，中国改革开放前期的人口红利优势已经消失，轨道车辆制造业经过近年来的快速发展逐渐进入了平台发展期，面临着产能过剩的风险。随着用工成本的提升、劳动保护政策的完善，焊接制造行业对焊接自动化提出了迫切的需求，焊接人才需求结构正在发生变化，我国的焊接职业培训认证体系和认证工作也将迎来新一轮的变革。

随着轨道车辆行业的深入发展，需要不断地构建和完善焊接职业体系，加强校企合作，加强与职业技能评聘机构的合作，制定合理的焊接职业发展途径。焊接职业体系构建必须以人为本，既要企业满意，又要让个人得到发展，让人才得到充分尊重。"大国工匠""大国能手""高级蓝领"都是国家对职业技能人才的鼓励，也将是焊接职业技能人才未来的发展方向，只有通过构建完整的焊接职业体系，才能为行业发展培养出源源不断的人才。

1.2.3 轨道交通装备对焊接人员的要求

焊工或焊接操作工是直接从事焊接生产操作的人员，依据 EN 15085-2：2007 要求，企业焊接产品时必须使用具有相应资质的焊接操作人员。例如，熔化焊焊工应按照 ISO 9606：2004 系列标准取证，操作自动焊或有关设备的操作员应按照 ISO 14732：2003 标准取证，搅拌摩擦焊焊工应按照 ISO 25239-3：2020 标准取证等。

焊工或焊接操作工需针对具体工作内容通过相应标准的考试，同时取证类型需要满足焊接方法、焊接材料、焊接位置、材料组别、焊缝类型等方面的要求。在实际焊接操作前，焊接人员应熟悉产品的结构特点以及焊接方法的工艺特性，必要时应制作工作试件考核合格后方可上岗操作。

1.3 轨道交通装备焊接零部件重要度分级指导

对轨道车辆、部件和组件进行焊接工作的焊接企业，其质量要求在国际标准 EN 15085-2：2007 中作了规定。即按照焊缝质量等级来划分认证级别的，如 CL1 级企业可以焊接从 CPA 到 CPD 所有级别的焊缝；CL2 级企业可以焊接 CPC2 到 CPD 级焊缝等。但也规定，一些重要的部件，无论其焊缝质量级别是什么，都需要按照 CL1 级认证，如转向架、底架、牵引、制动等部件。轨道车辆零部件和组件可能分配的认证等级的对应关系见表 1-1。

表 1-1 轨道车辆零部件和组件可能分配的认证等级的对应关系

CL	部 件
CL1	轨道车辆及其部件的新造、改装和维修 组件示例： √转向架（端梁、侧梁、横梁、转向架构架） √机车、客车和货车底架（外伸梁、纵梁、横梁、垫板、组件） √车体（端墙和侧墙、车顶、驾驶室、地板总成、吸能模块、防爬器） √货车总成（如汽车运输车的底板、负载固定元件） √牵引装置和缓冲装置 √外部设备支撑框架、支架和张紧带（例如储罐、电气、空调和压缩空气容器） √轮对固定装置、轮对轴承、减振器悬臂、缓冲器、减振器 √制动装置（磁力制动器、连接杆、制动三脚架、制动气缸、制动横梁） √重型车辆的支撑框架（包括公路/铁路车辆） √转向架与车辆牵引传动装置的焊接部件（摇枕） √车辆的燃料箱 √上车门、端壁门（锁定系统和结构单元） √车外或入口区域的踏步架、扶手和栏杆 √自承载的设备箱和车底容器（清水箱和废水箱）

第1章 概 述

（续）

CL	部件
CL1	√车顶结构（受电弓、档板）；例如设备（CL2）、框架（CL1）； √外部牵引和动力设备（变压器外壳、变压器悬挂、发动机悬挂、变速器悬挂、牵引电机附件、仪表架） √动力传动部件（牵引联轴器、万向轴） √转向和倾翻设备（如货车） √排障器和除雪器 √支柱和捆扎环 √排气系统，包括管道 √止车器 √用于轨道车辆的压力气罐、罐和罐式集装箱① √危险品容器① √用于轨道车辆的压缩空气储罐①
CL2	轨道车辆零部件的新造、改装和维修，例如： √客车内部部件（隔板、内壁、门、护板） √内部装置零件的支撑框架、支架和张紧带（电气装置、空调装置和压力空气装置） √驾驶室设备 √在车体内部安装的盥洗室部件和水容器 √车内移门（包含导轨） √制动管支架 √非自承底架设备箱 √自承载齿轮和手动操作制动杆 √内部牵引和动力设备（变压器外壳、变压器悬挂、发动机悬挂、变速器悬挂、牵引电机附件、仪表架） √座椅骨架 √压力空气管道 无特殊试验压力的无压容器的新造、改造和修理，例如： √非危险品容器 √其他运输集装箱
CL3	轨道车辆简单附件的新造、改造和维修，例如： √各种操作曲柄和手柄 √挡板 √轨道车辆内的设备箱和开关柜（包含齿轮箱和手动制动操作悬臂，无支撑框架） √铭牌支架 √货车箱的盖板（罐车热防护装置） √轨道车辆内部的脚蹬、把手、栏杆 轨道车辆部件或外购件的新造、改造和维修，例如： √窗框 √排气格栅

① 如果存在特定产品的统一标准，例如压缩空气罐的 EN 286 或危险材料容器的 EN 14025，则该标准将取代本文件的要求。

第2章 焊接安全

2.1 职业安全

焊接人员应了解焊接安全技术、焊接作业环境、焊接劳动卫生及焊接劳动防护的基本知识,针对焊接中的危害因素,分析原因,提出防范措施和防止方法,增强安全意识并提高自我防护能力,确保焊接安全。

2.1.1 作业环境

焊接作业环境触电危险性程度可分为普通环境、危险环境、特别危险环境。

1. 普通环境

这类环境触电危险性较小,普通环境一般应具备下列条件。

1)干燥(相对湿度不超过75%);无导电粉尘。
2)由木料、沥青、瓷砖等非导电材料铺设的地面。
3)金属占有系数,即金属物品所占面积与建筑物面积之比小于20%。

2. 危险环境

凡具有下列条件之一的均属危险环境。

1)潮湿(相对湿度超过75%)。
2)有导电粉尘。
3)由泥、砖、湿木板、钢筋混凝土、金属或其他导电材料制成的地面。
4)金属占有系数大于20%。
5)炎热、高温(平均温度经常超过30℃)。
6)人体一方面接触接地导体,另一方面接触电气设备的金属外壳。

3. 特别危险环境

凡具有下列条件之一的均属特别危险环境。

1)作业环境特别潮湿(相对湿度接近100%),有腐蚀性气体、蒸汽、煤气或游离物。
2)同时具有上述危险环境的两个以上条件。

锅炉房、化工厂的大多数车间,机械厂的铸造、电镀和酸洗车间等,以及在容器管道、地沟内和金属构架上的焊接操作环境,均属于特别危险环境。

2.1.2 焊接操作中的危险因素

1. 焊接电源

焊接电源是与220V/380V的电力网络连接的,人体一旦接触这部分电气线路(如焊机的插座开关或破损的电源线等)就很难摆脱。

2. 焊机空载电压

虽然焊机空载电压大多超过安全电压,但由于电压不是很高,所以容易使人忽视。另一方面,焊工与这部分电气线路(如焊钳或焊枪、焊件、工作台和电缆等)接触机会较多,因此这也是焊接触电伤亡事故的主要危险因素。多数焊接触电伤亡事故都是空载电压造成的。

3. 焊机、电缆漏电

焊机和电缆由于经常性的超负荷运行、粉尘或蒸汽的腐蚀,以及室外作业经受风吹、日晒、雨淋等,绝缘老化变质,容易出现焊机和电缆的漏电现象,导致发生触电事故。

4. 焊工带电操作

焊工的带电操作机会多,诸如更换焊条、调节焊接电流、整理焊件等,通常都是带电进行的。

2.1.3 预防焊接触电事故的一般措施

为了防止在焊接操作中人体触及带电体的触电事故,可采取绝缘、屏护、间隔、自动断电和个人防护等安全措施。为了防止因人体接触带电体而发生事故,一般可以采取保护接地或保护接零等安全措施。

1. 绝缘

绝缘不仅是保证焊接设备和线路正常工作的必要条件,也是防止触电事故的重要措施。橡胶、胶木、瓷、塑料、布等都是焊接设备和工具常用的绝缘材料。

2. 屏护

屏护是采用遮拦、栅栏、护罩、护盖、箱匣等安全防护措施,将带电体与外界隔绝开来。屏护装置不直接与带电体接触,对所用材料的电性能没有严格要求,但应当有足够的机械强度和良好的耐火性能。焊机的有些屏护装置是用金属材料制成的,为防止意外带电造成触电事故,金属的屏护装置应接地或接零。

3. 间隔

间隔是带电体与地面之间、设备与设备之间及带电体相互之间保持一定的安全距离,在焊接设备和接电布设等方面都有具体规定。

4. 保护装置

电焊机应安装空载自动断电保护装置。

5. 防护

加强个人安全防护,应穿戴好劳动防护用品,如绝缘手套、绝缘鞋及防护服等。

6. 保护接地

当电源为三相三线制或单相制系统时,应设置保护接地线。保护接地的方法是用导线将焊机外壳与大地连接起来。其作用是当外壳漏电时,外壳对地形成一个良好的电流通路,使

电压降至安全电压以下,或线路保护装置动作,切断电源,从而有效地防止因人体触及外壳而发生触电。

对保护接地的要求为:接地导线的电阻值不得超过 4Ω,自然接地极的电阻值超过 4Ω 时,应采取有效措施,使之符合要求。接地线应采用导电性良好的整根导线,其中间不得有接头,更不允许设置熔断器或开关。导线的截面积不得 $<12mm^2$。

7. 保护接零

当电源为三相四线制系统时,应设置保护接零线。保护接零线的方法是用导线将焊机外壳与零线相接,其作用是一旦焊机因绝缘损坏而外壳带电时,绝缘破损的这一相电源与零线短路,产生强大的电流而使该相熔断器熔断,切断电源,使外壳带电的现象立即终止,从而保证人身的安全。

对保护接零线的要求为:接零线要有足够的截面积,在接零线中不准设置熔断器或开关,也不得有接头,以确保零线回路不中断。

2.1.4 焊接发生电伤事故的原因及预防措施

1. 焊接发生电伤事故的原因

1) 当焊接回路闭合(即焊钳与地线相接)时,闭合电源开关。
2) 正在进行焊接操作(电弧正在燃烧)时,切断电源开关。

以上两种情况都会在开关的接触点处因产生电弧而引起电伤事故。

2. 电伤事故的预防措施

1) 禁止随意将焊接回路短路和在短路状态下去接通电源。
2) 正在进行焊接操作时,禁止切断电源。
3) 接通或切断电源时,操作要准确,动作要迅速,并要求在电源开关的侧面进行操作。
4) 用有灭弧装置的电源开关。
5) 按规定穿戴好个人防护用品。

2.2 环境安全与保护

工业生产产生的环境污染物,如各种有毒有害气体、烟尘、有毒物质、噪声、电磁辐射和电离辐射等,除了污染周围的生态环境外,还直接污染生产场所的劳动环境,损害操作者的身体健康。保护劳动环境,消除或减少污染环境的各种有毒有害因素,创造清洁适宜的生活和劳动环境,保护焊工的身心健康。

2.2.1 焊接环境

1. 焊接污染环境的有害因素

在焊接过程中产生的有害因素,可分为物理有害因素与化学有害因素两大类。

1) 物理有害因素:焊接弧光、高频电磁波、热辐射、噪声及放射线等。
2) 化学有害因素:焊接烟尘和有害气体等。

不同的焊接方法,在焊接过程中的有害因素见表 2-1。

第 2 章 焊接安全

表 2-1 焊接过程中的有害因素

工艺方法	有害因素						
	电弧辐射	高频电磁场	焊接烟尘	有毒有害气体	金属飞溅	射线	噪声
酸性焊条电弧焊	o		oo	o	o		
低氢型焊条电弧焊	o		ooo	o	oo		
高效铁粉焊条电弧焊	o		oooo	o	o		
碳弧气刨	o		ooo	o	o		o
镀锌铁焊条电弧焊	o		oooo	o	o		
电渣焊			o				
埋弧焊			oo	o			
实芯细丝 CO_2 气体保护焊	o		oo	o	oo		
实芯粗丝 CO_2 气体保护焊	oo		oo	o	oo		
钨极氩弧焊（铝、钛、铜、镍、铁）	oo	oo	o	oo		o	
钨极氩弧焊（不锈钢）	oo	oo	o	oo		o	
熔化极氩弧焊（不锈钢）	oo		o	oo	o		

注：o 代表有害程度。

（1）焊接烟尘　在焊接过程中，凡是母材及焊接材料熔化的焊接与切割过程，都将不同程度地产生烟尘。焊接烟尘的来源是由金属及非金属物质在过热条件产生的高温蒸汽经氧化、冷凝而形成的。高温蒸汽主要来自焊条或焊丝端部的液态金属及熔渣。

焊接烟尘的成分见表 2-2。常用焊条的发尘量见表 2-3。

表 2-2　焊接烟尘的成分（质量分数） （%）

药皮类型	Fe_2O_3	SiO_2	MnO	TiO	Al_2O_3	CaO	MgO	CaF_2	Ca
钛钙型	45.6~51.8	20.75~21.38	6.99~8.10	5.22~5.76	1.19~2.75	0.9~2.15	0.38~1.08	—	0.2
低氢钠型	33~36	7.44~12.30	5.46~7.27	0.8~1.99	1.32~2.47	14.6~26.7	0.38	7.57~18.2	0.12

表 2-3　常用焊条发尘量

焊条型号（牌号）	药皮类型	直径/mm	焊接电流/A	发尘量/g·kg^{-1}
E4303	钛钙型	4	—	7.30
E5015	低氢钠型	4	—	15.60
A407	低氢钠型	4	170	12.02
Cr207	低氢钠型	4	160~170	10.18
R317	低氢钠型	4	180	14.03
D256	低氢钾型	4	170	18.10

（2）有毒有害气体　在各种熔焊过程中，焊接区内都会产生或多或少的有毒有害气体，主要有臭氧、氮氧化物、一氧化碳（CO）、氟化物和氯化物。

· 9 ·

1）臭氧。焊接区的臭氧是经过高温光化学反应而产生的。电弧与等离子弧辐射出的短波紫外线，使空气中的氧分子分解成为氧原子，这些氧原子或氧分子在高温下获得一定能量后，互相撞击即可形成臭氧（O_3）。

臭氧是一种浅蓝色气体，具有强烈刺激性的腥臭味。臭氧是极强的氧化剂，容易同各种物质起化学反应，可使橡皮和棉织品老化。如在臭氧浓度为 13mg/m^3 的条件下，帆布在半个月即变性破碎。

2）氮氧化物。在焊接电弧高温作用下，空气中的氮分子被氧化生成氮氧化物。

氮氧化物主要有 N_2O、NO、NO_2、NO_3、N_2O_4 和 N_2O_5，除 NO_2 外均不稳定，遇热后均转化为 NO_2。

NO_2 为红褐色气体，毒性较大，遇水可变成硝酸或亚硝酸，产生强烈刺激作用。

3）CO。焊接过程中产生的 CO，主要来源于 CO_2 在高温下的分解。

CO 是无色、无臭味的气体，比重是空气的 1.5 倍，属窒息性气体，它与人体血液中输入氧气的血红蛋白结合成碳氧血红蛋白，使血红蛋白失去正常的携氧功能，造成组织缺氧而引起中毒。

4）氟化物。在用碱性焊条焊接时，药皮中的萤石在高温下产生氟化氢（HF）；在埋弧焊时采用含氟化物的酸性焊剂，可产生 HF 气体。

HF 是一种具有刺激性气味的无色气体或液体，呈弱酸性，在空气中发出的烟雾、蒸汽具有十分强烈的腐蚀性和毒性。

聚四氟乙烯在温度超过 450℃ 时，可分解产生毒性极大的八氟异丁烯、氟光气等，刺激呼吸道黏膜和神经系统，严重时可产生肺水肿和中毒性心肌炎。在热切割和焊接氟塑料时，必须采取良好的通风防毒措施。

5）氯化物。在实际工作中，如采用四氯化碳、三氯乙烯、四氯丁烯等对容器或管道进行脱脂。如脱脂后清洗不干净，在残存少量氯化溶剂时焊接，产生有毒的光气，损害人体健康。

(3) 弧光辐射　弧光辐射是由紫外线、可见光、红外线辐射所组成。

弧光辐射的强度与焊接方法、工艺参数、施焊点的距离及保护方法有关。

在各种明弧焊、保护不好的埋弧焊及处于造渣阶段的电渣焊等都要产生外露电弧，形成弧光辐射。

(4) 高频电磁辐射　当交流电的频率达到每秒振荡 10 万～30000 万次时，它的周围形成高频率的电场和磁场称为高频电磁场。

等离子弧焊和钨极气体保护电弧焊采用高频振荡器引弧时，会形成高频电磁辐射。

(5) 热辐射　由于绝大多数焊接过程是采用高温热源把金属加热到熔化状态后进行连接的，所以施焊时有大量热能以辐射形式向作业环境中扩散，称为热辐射。

焊接电弧约有 20%～30% 的热量要扩散到焊接环境中，使环境温度升高；预热工件时或焊后保温均会使焊接环境温度升高。

焊接环境温度过高，可导致作业人员代谢机能显著变化，使人体大量出汗，体内水、盐比例失调，同时增加触电的危险。

焊接作业要特别注意高温条件下的保护问题，严格控制环境温度不要过高，及时供给作业人员盐汽水，以补充人体内的水、盐含量，严防触电事故发生。

(6) 放射线　放射线主要指钨极氩弧焊和等离子弧焊的钍放射性污染和电子束焊的 X

射线污染。

焊接过程中放射线污染不严重,钍钨极目前已被铈钨极取代,对电子束焊 X 射线防护主要是屏蔽,以减少泄漏。

(7) 噪声　在焊接环境中,噪声存在于所有焊接方法中,其中声强较大、危害突出的焊接和切割工艺有等离子切割、等离子喷涂以及碳弧气刨,其噪声强度可达 120~130dB 或更高,噪声已经成为某些焊接与切割工艺中的主要职业危害因素。

噪声是指声强和频率变化都无规律,杂乱无章的声音。焊工接触的噪声还有来自其他工种(如矫正时的锤击、铲边、修复铲根)。这些噪声水平远高于焊接方法及设备产生的噪声强度,也应采取措施,防止对焊工的危害。

噪声对人体危害程度除与噪声的频率、强度和噪声源的性质有关,还与在噪声环境中的暴露时间、工种、身体状况有关。

2. 焊接环境分类

为了预防焊接触电和电气火灾爆炸事故的发生,应首先了解焊接工作场所的触电与火灾爆炸危险性的类型,以及存在的可能发生触电或火灾爆炸的不安全因素,从而采取有效措施预防事故的发生。

(1) 触电危险性分类　电焊需要在不同的工作环境中进行。按触电的危险性,考虑到工作环境的潮湿、粉尘、腐蚀性气体或蒸汽、高温等条件的不同,触电危险性环境分为普通环境、危险环境、特别危险环境三类。

(2) 爆炸和火灾危险场所分类　根据发生事故的可能性和后果,即危险程度,在电力装置设计规范中将爆炸和火灾危险场所划分为三类八级。

1) 第一类是气体或蒸汽爆炸性混合物场所,共分为三级。

① Q1 级场所,在正常情况下能形成爆炸性混合物的场所。

② Q2 级场所,在正常情况下不能形成爆炸性混合物,仅在非正常情况下才形成爆炸性混合物的场所。

③ Q3 级场所,在非正常情况下整个空间形成爆炸性混合物的可能性较小,爆炸后果较轻的场所。

2) 第二类是粉尘或纤维爆炸性混合物场所,共分为两级。

① C1 级场所,在正常情况下能形成爆炸性混合物(如镁粉、铝粉、煤粉等与空气的混合物)的场所。

② C2 级场所,在正常情况下不能形成爆炸性混合物,仅在非正常情况下才能形成爆炸性混合物的场所。

3) 第三类是火灾危险场所,共分为三级。

① H-1 级场所,在生产过程中产生、使用、加工贮存或转运闪点高于场所环境温度的可燃物体,而它们的数量和配置能引起火灾危险的场所。

② H-2 级场所,在生产过程中出现的悬浮状、堆积可燃粉尘或可燃纤维,它们虽然不会形成爆炸性混合物,但在数量与配置上能引起火灾危险的场所。

③ H-3 级场所,有固体可燃物质,在数量与配置上能引起火灾危险的场所。

暴露环境空气中有毒有害物质允许浓度是人类生存的基本条件之一。人体由空气中不断吸入生命所必需的氧气,并将物质代谢过程中产生的 CO_2 排出体外。正常人对空气的需要量为：轻体力工作时约为 1.6m³/h，重工作时约为 2.5m³/h。因此，空气的质量是保证人体健康的必要条件。

在焊接时产生的有毒有害物质，是以焊接烟尘和有毒气体两种状态存在于焊接环境空气中。焊接环境空气中有毒有害物质最高允许浓度见表 2-4。

表 2-4 车间有毒有害物质最高允许浓度

有毒有害物名称	最高允许浓度/mg·m^{-3}
氟化氢及氟化物（换算成氟）	1
臭氧	0.3
氧化氮（换算成 NO_2）	5
金属汞	0.01
氧化锌	5
氧化镉	0.1
砷化氢	0.3
铅烟	0.03
铅金属、含铅涂料铅尘	0.05
铅金属、含铅涂料	
氧化铁	10.0
一氧化碳	30
硫化铅	0.5
铍及其化合物	0.001
钼（可溶性、不溶性）	4.6
锰及其化合物（换算成 MnO_2）	0.2
锆及其化合物	5
铬酸盐（CrO_2）	0.1
含 10% 以上二氧化硅粉尘	2.0
含 10% 以下二氧化硅粉尘	10.0
其他粉尘	10.0

2.2.2 焊接劳动保护措施

焊接劳动保护应贯穿于焊接工作的各个环节。首先，应努力改进焊接工艺和提高焊接操作的机械化、自动化程度，从焊接技术角度减少污染源和减轻焊工与有害因素的接触。生产过程中进行劳动保护，把操作人员同危险因素和有毒有害因素隔离开来，创造安全、卫生和舒适的劳动环境，以保证安全生产。

1. 焊接劳动保护环节

要大力提倡在焊接结构设计、焊接材料、焊接设备和焊接工艺的改进与选用、焊接车间设计和安全卫生管理等各个环节中，积极改善焊接劳动卫生条件。例如，在焊接结构设计上应尽量避免使焊工进入通风不良的狭窄空间内焊接，对封闭结构在施焊操作过程中要开设合理的通风口。焊接材料和焊接设备应尽可能提高安全卫生性能。在制定施焊工艺时，优先选用对环境污染小的工艺或机械化、自动化程度高的工艺。要经常对焊工进行安全卫生教育，定期监测焊接作业场所中有毒有害物质的浓度，督促生产和技术部门采取措施，改善安全卫生状况。焊接劳动保护措施应从多方面综合采取技术措施。

2. 焊接作业个人防护措施重点

切实做好施焊作业场所的通风、换气排尘措施,做好焊工的个人防护,这是焊接劳动保护工作极为重要的内容。

(1) 通风防护措施　焊接过程中只要采取完善的防护措施,就能保证焊工只会吸入微量的烟尘和有毒有害气体。通过人体的解毒作用和排泄作用,就能把毒害减到最低程度,从而避免发生焊接烟尘和有毒有害气体中毒现象。

通风防护措施是消除焊接粉尘和有毒有害气体,改善劳动条件的有力措施。

1) 通风措施的种类和适应范围。通风措施按通风范围可分为全面通风和局部通风。由于全面通风费用高,不能立即降低局部区域的烟雾浓度,且排烟效果不理想,因此除大型焊接车间外,一般情况下多采取局部通风措施。

2) 机械通风措施。机械通风是指利用通风机械送风和排风进行换气和排毒。局部机械排气装置有固定式、移动式和随机式 3 种。

3) 固定式通风装置。在专门的焊接车间或焊接量大、焊机集中的工作地点,应考虑全面机械通风,可集中安装数台轴流式风机向外排风,使车间内经常更换新鲜空气。

局部通风分为送风和排气两种。局部送风只是暂时将焊接区域附近作业地带的有毒有害物质吹走,虽对作业地带的空气起到一定的稀释作用,但可能污染整个车间,起不到排除粉尘与有毒有害气体的目的。局部排气是目前采用的通风措施中使用效果好、方便灵活、设备费用较低的一种有效措施。

固定式排烟罩适用于焊接地点固定、工件较小的情况。设置这种通风装置时,应使排气途径合理,即有毒有害气体、粉尘等不经过操作者的呼吸地带;风量应该可自行调节,排出管的出口高度必须高出作业厂房顶部 $1 \sim 2m$。

4) 移动式排烟罩。它具有可以根据焊接地点的操作、位置的需要随意移动的特点。因而在密闭船舱、化工容器和管道内施焊,或在大作业厂房非定点焊接时,采用移动式排烟罩具有良好效果。使用这种装置时,将吸头置于电弧附近,开动风机即能有效地排出烟尘和有毒有害气体。移动式排烟罩的排烟系统由小型离心风机、通风软管、过滤器和排烟罩组成。目前,应用较多、效果良好的形式有净化器固定吸头移动型、风机和吸头移动型以及轴流风机烟罩。

(2) 个人防护措施　当作业环境良好时,如果忽视个人防护,人体仍有受害危险,在密闭容器内作业时危害更大。因此,加强个人的防护措施至关重要。一般个人防护措施除穿戴好工作服、鞋、帽、手套、眼镜、口罩及面罩等防护用品外,必要时可采用送风头盔式面罩及防护口罩。

1) 预防烟尘和有毒有害气体。当在容器内焊接,特别是采用氩弧焊、CO_2 气体保护焊,或焊接有色金属时,除加强通风外,还应戴好通风帽。使用时用经过处理的压缩空气供气,切不可采用氧气,以免发生燃烧事故。

2) 预防电弧辐射。电弧辐射中含有的红外线、紫外线及可见光等对人体健康有着不同程度的影响,因而在操作过程中,必须采取防护措施:即工作时必须穿好焊接工作服(以白色工作服最佳),戴好工作帽、手套、脚盖和面罩。在辐射强烈的作业场所进行氩弧焊时,应穿耐酸尼制或丝制工作服,并戴好通风焊帽。在高温条件下焊接应穿石棉工作服及石棉作业鞋等。工作地点周围应尽可能放置屏蔽板,以免弧光伤害他人。

3）对高频电磁场及射线的防护。在氩弧焊用高频引弧时，会产生高频电磁场，所以应在焊枪的焊接电缆外面套 1 根铜丝软管进行屏蔽。将外层绝缘的铜丝编制软管一端接在焊枪上，另一端接地，同时应在操作台附近地面垫上绝缘橡皮等。钨极氩弧焊，若采用钍钨棒作电极时，钍具有微量放射性，在一般的规范和短时间操作的情况下，对人体无多大危害。但在密闭容器内焊接或选用较强焊接电流，以及在打磨钍钨棒的操作过程中，对人体的危害就比较大。除加强通风和穿戴防护用品外，还应戴通风焊帽；焊工应有保健待遇；最好采用无放射性危害的铈钨棒来代替钍钨棒。

4）对噪声的防护。长时间处于噪声环境下工作的人员应戴上护耳器，以减小噪声对人的危害程度。护耳器有隔音耳罩或隔音耳塞等。耳罩虽然隔音效能优于耳塞，但体积较大，戴用不方便。耳塞种类较多，常用的有耳研 5 型橡胶耳塞，具有携带方便、经济耐用、隔音较好等优点。该耳塞的隔音效能低频为 10~15dB，中频为 20~30dB，高频为 30~40dB。

（3）电焊弧光的防护

1）焊工在施焊时，焊机两极之间的电弧放电将产生强烈的弧光，这种弧光能够伤害焊工的眼睛，造成电光性眼炎。为了预防电光性眼炎，焊工应使用符合劳动保护要求的面罩。面罩上的焊接护目镜片应根据焊接电流的强度来选择，采用合乎作业条件的遮光镜片，具体要求见表 2-5。

表 2-5　焊工护目镜片选用表

焊接方法	焊接电流/A	推荐镜片号
焊条电弧焊	<60	—
	60~160	10
	160~250	12
	250~550	14
实芯焊丝气体保护焊及药芯焊丝气体保护焊	<60	—
	60~160	11
	160~250	12
	250~500	14
钨极氩弧焊	<50	10
	50~100	12
	150~500	14
碳弧气刨	<500	12
	500~1000	14
等离子弧焊	<20	6~8
	20~100	10
	100~400	12
	400~800	14
等离子弧切割	<300	10
	300~400	12
	400~800	14

2)为保护焊接工地其他人员的眼睛不被弧光伤害,一般在小件焊接的固定场所和有条件的焊接工地都要设立不透光的防护屏,屏底距地面应留有≤300mm 的间隙。

3)合理组织劳动和作业布局,以免作业区过于拥挤。

4)注意眼睛的适当休息。焊接时间较长,使用规模较大,应注意中间休息。如果已经出现电光性眼炎,应到医务部门治疗。

(4)电弧灼伤的防护

1)焊工在施焊时必须穿好工作服,戴好焊接用手套和脚盖等。绝对不允许卷起袖口,穿短袖衣以及敞开衣服等进行焊接工作,防止焊接飞溅物灼伤皮肤。

2)焊工在施焊过程中更换焊条时,严禁乱扔焊条头,以免灼伤他人或引起火灾。

3)为防止操作开关或闸刀时发生电弧灼伤,合闸时应将焊钳挂起来或放在绝缘板上;拉闸时必须先停止焊接工作。

4)在焊接预热工件时,预热好的部分应采用石棉板盖住,只露出焊接部分进行操作。

5)仰焊时飞溅严重,应加强防护,以免被飞溅物灼伤。

(5)高温热辐射的防护

1)电弧是高温强辐射热源。焊接电弧可产生 6000℃ 以上的高温。手工焊接时,电弧总热量的 20% 左右散发在周围空间。电弧产生的强光和红外线还对焊工造成强烈热辐射。红外线虽不能直接加热空气,但在被物体吸收后,辐射能转变为热能,使物体成为二次辐射热源。因此,焊接电弧是高温强辐射的热源。

2)通风降温措施。焊接工作场所加强通风设施(机械通风或自然通风)是防暑降温的重要技术措施,尤其是在锅炉等压力容器或狭小的舱间进行焊割时,应向容器或舱间人为送风和排气,加强通风。在夏天炎热季节,为补充人体内的水分,应给焊工提供一定量的含盐清凉饮料,也是防暑的保健措施。

(6)有害气体的防护

1)在焊接过程中,为了保护熔池中熔化金属不被氧化,在焊条药皮中有大量产生保护气体的物质,其中有些保护气体对人体是有害的。为了减少有害气体的产生,应选用高质量的焊条,焊前清除焊件上的油污,有条件时应尽可能采用自动焊接工艺,使焊工远离电弧,避免有害气体对焊工的伤害。

2)利用有效的通风设施,排除有毒有害气体。车间内应有机械通风设施进行通风换气。在容器内部进行焊接时,必须向焊工工作部位输送新鲜空气,以降低有毒有害气体的浓度。

3)加强焊工个人防护,工作时佩戴防护口罩;定期进行身体检查,以预防职业病。

(7)机械性外伤的防护

1)焊件必须放置平稳,特殊形状焊件应采用支架或焊接胎夹具保持稳固,避免机械性外伤。

2)焊接圆形工件的环焊缝,不得用起重机吊转工件施焊;也不能站在转动的工件上操作,防止跌落摔伤。

3)焊接转胎的机械传动部分,应安装防护罩。

4)清铲焊接熔渣及飞溅时,应佩戴护目镜。

(8)采用和开发安全卫生性能好的焊接技术 在焊接结构生产中,应优先采用和开发安全卫生性能好的焊接技术。提倡在焊接结构设计、焊接材料、焊接设备和焊接工艺等各个环节中,都对改善焊接劳动条件予以积极的考虑。推荐选用的焊接技术措施见表 2-6。

表 2-6　改善安全卫生条件的焊接技术措施

目　　的	措　　施
全面改善安全和卫生条件	1）提高焊接机械化和自动化水平 2）对重复性生产的产品，设计程控焊接自动化生产线 3）采用各种焊接机械手与机器人
新工艺取代手工焊，以消除焊工触电的危险，避免焊工受到焊接烟尘的危害	1）优先选用安全卫生性能优良的埋弧焊和电阻焊工艺 2）对适宜的焊接结构推广采用重力焊工艺，避免焊工受到焊接烟尘的危害 3）选用电渣焊
避免焊工进入狭小空间（如狭小的船舱、容器、管道等）焊接，以减少触电和焊接烟尘对焊工的危害	1）对薄板和中厚板的封闭与半封闭结构，应优先采取利用各类衬垫的埋弧焊单面焊双面成形工艺 2）对适宜结构，推广采用躺焊工艺 3）对管道接头，选用能单面焊双面成形的各种焊条，如低氢型打底焊条、纤维素型打底焊条和管接头立向下焊条等
避免手工焊触电	每台手弧焊机均应安装防触电装置
杜绝乙炔发生器爆炸	不采用乙炔发生器，采用溶解乙炔气瓶
降低氩弧焊的臭氧产生量	在氩气中加入一定量氧化氮，可使臭氧的发生量降低90%
降低等离子弧切割烟尘和有毒有害气体	1）使用水槽式等离子弧切割工作台 2）采用水下等离子弧切割工艺
降低焊接烟尘	1）采用发尘量较低的焊条 2）采用发尘量较低的焊丝（注：此为辅助措施，选用焊接材料首先应保证其工艺性能和力学性能，在连续焊接生产中积累的焊接烟尘，仍需靠通风除尘解决）

第 3 章 焊接基础知识

3.1 焊缝标注

在工程技术领域，最便于交流的方法是绘图表示法。焊缝符号与焊接方法代号是供焊接结构图样上使用的统一符号和代号，也是一种工程语言。为了不产生误解，并建立唯一性，国际标准化组织制订了 ISO 2553：2019、ISO 6947：2019、ISO 4063：2009 标准等焊缝符号、焊接位置和焊接方法代号，具体见表 3-1。

表 3-1 焊缝符号与焊接方法代号标准

序 号	标 准 代 号	标 准 名 称
1	ISO 2553：2019	焊接及相关工艺 图样中的符号表示 焊接接头
2	ISO 6947：2019	焊接和连接流程 焊接部位
3	ISO4063：2009	焊接及相关工艺 工艺名称和参照代码

3.1.1 焊接工艺符号

常用焊接工艺符号见表 3-2。

表 3-2 常用焊接工艺符号

序 号	数 字 代 号	字 母 代 号	描 述
1	111	E	焊条电弧焊
2	141	TIG	钨极惰性气体保护焊
3	131	MIG	熔化极惰性气体保护焊
4	135	MAG	熔化极非惰性气体保护焊

3.1.2 图样中基本符号的组合与应用

在图样上往往会将焊缝的基本符号进行组合以表达焊缝类型、焊接工艺、焊接检验要求等。

每个接头有一个箭头线，包含两条平行的基准线（一条实线和一条虚线），一些尺寸的数值和常用符号。基准线和箭头线是构成焊接符号的必要元素，也可标注更多符号以表达具体要求。虚线可在实线上方也可在实线下方,对于对称焊缝虚线,可以被省略。

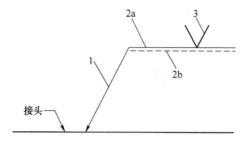

图 3-1　焊缝符号使用示例

1—箭头线　2a—基准线（实线）　2b—标识线（虚线）　3—焊缝符号

(1) 箭头线　采用箭头线指示接头。

(2) 参照线　与基本符号组合使用的参照线用于指示接头待焊焊缝一侧。如图 3-3 所示为在箭头侧和非箭头侧焊接标注,以及图 3-3 为并联参照线标注示例。

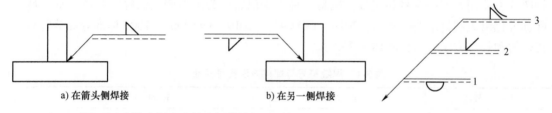

图 3-2　在箭头侧和非箭头侧焊接标注示例　　　　图 3-3　并联参照线标注示例

说明：图 3-3 并联参照线表示为第 1 步操作焊缝打底焊；第 2 步单边 V 形坡口焊接；第 3 步凹形角焊缝焊接。

(3) 尾注　尾注是可选符号,当更多补充信息需要纳入焊缝符号时,可将尾注符号置于实线参照线末端以标注补充信息,如图 3-4 尾注的标注示例。

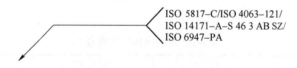

图 3-4　尾注的标注示例

图 3-4 所示尾注表示参照标准,检测标准按照 ISO 5817：2014 C 级,焊接方法按照 ISO 4063：2009 121 埋弧焊,填充材料按照 ISO 14171：2016 标准选择,焊接位置按照 ISO 6947：2019 PA 平对接位置等。也可以按照技术要求增加检测方法等。

3.1.3　焊缝尺寸的标识

(1) 一般规则　每个焊缝符号都可跟随一个表示尺寸的数值。

这些尺寸根据图 3-5 的方法采用如下书写方式：

1) 截面的主要尺寸写在符号的左侧或前面。

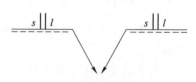

图 3-5　原则举例

2）纵向尺寸写在符号的右侧或后面。

其他次要的尺寸可以视需要而决定是否表示出来。

（2）需要标出的主要尺寸　焊缝与板材边缘的定位尺寸不显示在符号上，但应在图样上明确标注。

1）如符号后边没有任何标注，表示焊缝应在整个工件长度上完成。

2）如符号的前面没有任何标注，表示对接焊缝应全部熔透。

3）对角焊而言，有两个表示尺寸的方法，字母 a 或 z，应一直置于尺寸值的前面，如图 3-6 所示。

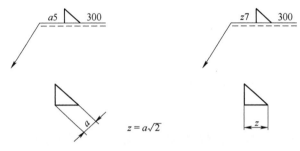

图 3-6　角焊缝尺寸表示法

注：a 为角焊缝的厚度。

4）周围焊缝如图 3-7 所示。

5）现场焊接如图 3-8 所示。

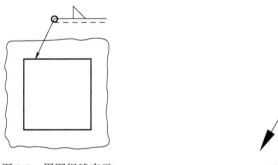

图 3-7　周围焊缝表示　　　　图 3-8　现场焊接的表示

（3）断续焊缝　断续焊缝的下列尺寸须置于基本符号的右侧。

1）焊缝段数：n。

2）焊缝长度：l。

3）焊缝间距：e（位于圆括号内）。

焊缝段数 n 与焊缝长度 l 之间须标注一个乘号，如果焊缝段数不做具体规定，断续焊缝需焊至与接头全长范围内，如图 3-9 所示。

图 3-9　断续焊缝的标注

例 1：

带封底焊道的 V 形接头对接焊缝（见图 3-10a）。焊缝厚度 12mm；焊缝长度 300mm，采用焊条电弧焊焊接（根据 ISO 4063：2009，数字表示为 111），要求的验收等级为 ISO 5817：

2014 的 D 级，采用 ISO 6947：2019 规定的平焊位置 PA，焊条为 ISO 2560-E 51 2 RR 22，焊接标准如图 3-10b、c 所示。

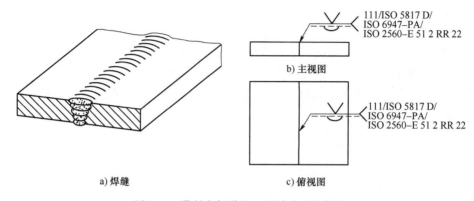

图 3-10 带封底焊道的 V 形接头对接焊缝

例 2：

单面断续角焊缝（见图 3-11）。焊缝厚度 $a=4\mathrm{mm}$；每段焊缝长度 300mm，间隔 200mm，共 10 段，采用非惰性气体保护焊焊接（根据 EN ISO 4063：2019，数字表示为 135），要求的验收等级为 EN ISO 5817：2014 的 B 级；采用 EN ISO 6947：2011 规定的向上立焊位置 PF，焊丝为 EN 440-G 42 3 G3Si1。

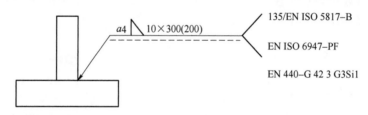

图 3-11 单面断续角焊缝

3.1.4 焊工考试中焊缝细节与焊接工艺符号的应用

在焊工资质证书中，常用焊缝细节符号与焊接工艺符号的组合共同表示焊工具备的能力。

例 1： ISO 9606-1 135 P FW FM5 S t3 PD sl

ISO 9606-1 为钢焊工考试，135 为熔化极非惰性气体保护焊（MAG），P 为板材，FW 为角焊缝，FM5 为填充材料 5 组别，S 为实芯焊丝，t3 为板厚 3mm，PD 为仰角焊，sl 为单道焊。

例 2： ISO 9606-2 131 P BW 23.1 S t8 PE ss mb

ISO 9606-2 为铝焊工考试，131 为熔化极惰性气体保护焊（MIG），P 为板材，BW 为对接焊缝，23.1 为母材材质，S 为实芯焊丝，t8 为板厚 8mm，PE 为对接仰焊，ss 为单面焊，mb 为带垫板。

3.2 焊接热输入

焊接热输入是焊接工艺的一个综合参数，热输入对焊接接头成形、组织与性能有重要影响。当焊接热输入过大时，可能导致晶粒粗大、塑韧性降低、接头强度降低、焊接裂纹发生，以及焊接接头耐蚀性降低等问题；反之，过小时，可能导致焊接接头难以成形，焊接缺陷率增高。通过本节的学习，焊工应了解焊接热输入对焊接接头的影响，认识到遵守焊接工艺规程的重要性。

3.2.1 焊接热输入定义

焊接热输入是由焊接热源输入（Q）给单位长度焊接接头的能量，其基本单位是 J/mm。电弧焊应用最为普遍，电弧焊的焊接热输入是指熔焊时，由焊接能源输入给单位长度焊缝上的热能，其简单计算公式为

$$Q = \eta \frac{IU}{v} \tag{3-1}$$

式中　η——功率有效系数；
　　　I——焊接电流（A）；
　　　U——电弧电压（V）；
　　　v——焊接速度（mm/s）。

不同焊接方法的 η 是不同的，多在 0.7~1.0 之间。当采用同一种焊接方法研究焊接热输入对接头成形、组织与性能的影响规律时，通常可将 η 取值为 1。

传统的直流测量仪表所显示的电流和电压数值是焊接过程的平均值，而交流测量仪表所测得的是均方值。为了准确的获得焊接过程中输入到焊缝的能量，所使用的电流和电压表必须在很短的间隔时间内捕捉到焊接波形的变化。而这种频率一般高达 10000Hz，只有特定的测量仪器才可以达到这种程度。

对于传统的非波形控制焊接工艺方法而言，一般认为焊接过程中电流与电压变化不大，可以直接取焊接电源上的显示值进行计算。对于各种波形控制焊接工艺方法（如熔化极脉冲焊、钨极脉冲焊、激光脉冲焊、等离子脉冲焊、带脉冲的各种复合热源等），有试验研究表明，由于电流与电压的变化频率高，传统的电流、电压表或检测仪器已不足以及时准确地采集和显示实际焊接参数。采用传统的电流、电压表检测与计算波形控制焊接热输入时，误差可超过 ±10%，这将会给焊接工艺评定及焊接工艺规程的有效性带来相关问题。

因此，有相关学者提出焊接热输入计算公式为

$$Q = \eta \frac{W}{L} \text{或者} \ Q = \eta \frac{PT}{L} \tag{3-2}$$

式中　W——焊接整体能量（J）；
　　　η——功率有效系数；
　　　P——功率（J/s）；
　　　T——燃弧时间，一般是指从引弧开始直到电弧完全熄灭的时间（s）；
　　　L——焊缝长度（mm）。

之所以提出上述这两种公式，是因为焊接电源以及测量仪表的不同，有一些设备提供的是焊接过程总体的能量；有一些设备提供的是焊接过程中的平均功率。

虽然能量计算公式不复杂，但如何简单检测功率及燃弧时间还是有困难的。目前，基于能量自动累计的软件与硬件已经市场化。当焊接设备上加装相应软件和硬件时，无论是波形

控制焊接，还是非波形控制焊接，都将会自动记录和显示整个焊接过程中的能量，其基本原理是先将焊接过程中的能量进行微积分处理，最终能量除以焊缝长度，其计算结果是比较准确的焊接热输入。

对于其他焊接工艺方法，T 可以理解为功率输入时间。而在其他相关研究中，也有学者提出采用式（3-3）进行焊接热输入的计算

$$P = \frac{IUv}{SA} \qquad (3-3)$$

式中　P——功率（J/s）；
　　　I——焊接电流（A）；
　　　U——焊接电压（V）；
　　　v——焊接速度（mm/s）；
　　　S——送丝速度（mm/s）；
　　　A——焊丝截面积（mm^2）。

式（3-3）考虑了焊接填丝过程对焊接热输入的影响，也能比较准确表达焊接过程中的热输入问题。

3.2.2　焊接热输入影响因素

焊接热输入的计算公式并不复杂，但应注意各个参数的检测与取值，如焊接电源显示的电压通常比电弧电压高，特别是当焊接电缆较长时，焊接电压将明显高于电弧电压。对于焊接电流，通常采用的是焊接过程的平均电流，实际上焊接电流是不断变化的，这种变化不仅表现在各种波形控制的焊接，而且即使是所谓的非波形控制焊接，焊接电流也是随弧长的变化、熔滴的过渡发生变化的。

计算公式中的焊接速度是指平行于焊缝方向的速度分量，而当焊接过程中有摆动时，其他方向的速度分量是不考虑的。焊条电弧焊时，操作工的技能水平对于焊接参数的稳定性，进而对热输入的计算具有重要影响。电弧长度不均，焊接速度快慢不均，将导致难以比较准确地计算焊接热输入。

另外，采用焊条进行电弧焊时，对于电阻率比较高的焊条（如奥氏体不锈钢、镍基合金），开始焊接时，由于焊条较长，所以电阻较大，电阻压降也较大，而电弧电压相对较低，随着焊条的不断熔化，焊条变短，电阻减小，电阻压降也变小，电弧电压相对提高。对于各种波形控制焊接工艺方法，传统的电流、电压表或检测仪器已不足以及时准确地采集和显示实际焊接参数。焊接热输入误差可超过 ±10%。

上述因素对热输入的影响，虽然在通常的计算中是忽略不计的，但在具体分析焊接问题时应该充分考虑。

3.3　焊接应力

焊接通常是针对被焊部位进行局部加热，使焊件在整个过程中受热不均，不同部位因温度差产生的膨胀收缩情况不同，因而会产生焊接应力。焊接应力在焊接过程中是不可避免的，严重时还会引起焊接变形。了解焊接应力产生的机理，有助于焊工在焊接操作时采取适

当的措施，减少焊接应力的产生。

3.3.1 焊接应力的成因

焊接应力也称为焊接残余应力（Welding Residual Stresses），有沿焊缝长度方向的纵向焊接应力，垂直于焊缝长度方向的横向焊接应力和沿厚度方向的焊接应力。

1. 纵向焊接应力

焊接过程是一个不均匀加热和冷却的过程。在施焊时，焊件上产生不均匀的温度场，焊缝及其附近温度最高，可达 1600℃ 以上，而邻近区域温度则急剧下降，如图 3-12 所示。不均匀的温度场产生不均匀的膨胀，温度高的钢材膨胀大，但受到两侧温度较低、膨胀量较小的钢材所限制，产生了热塑性压缩。焊缝冷却时，被塑性压缩的焊缝区趋向于缩短，但受到两侧钢材限制而产生纵向拉应力。在低碳钢和低合金钢中，这种拉应力经常可达到钢材的屈服强度。焊接应力是一种无载荷作用下的内应力，因此会在焊件内部自相平衡，这就必然在距焊缝稍远区段内产生压应力（见图 3-12c）。

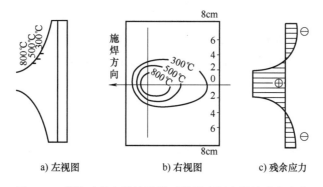

a) 左视图　　b) 右视图　　c) 残余应力

图 3-12　焊接过程中焊缝及附近的温度场和焊接残余应力

2. 横向焊接应力

横向焊接应力产生的原因：一是由于焊缝纵向收缩，使两块钢板趋向于形成反方向的弯曲变形（见图 3-13a），但实际上焊缝将两块钢板连成整体，于是在两块板的中间产生横向拉应力，而在两端则产生压应力（见图 3-13b）。二是由于先焊的焊缝已经凝固，会阻止后焊焊缝在横向的自由膨胀，使其发生横向塑性压缩变形，当焊缝冷却时，后焊焊缝的收缩受到已凝固的焊缝限制而产生横向拉应力，而先焊部分则产生横向压应力，在最后施焊的末端的焊缝中必然产生拉应力（见图 3-13c）。焊缝的横向应力是上述两种应力合成的结果（见图 3-13d）。

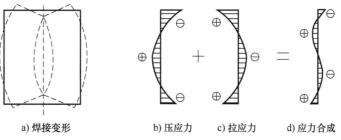

a) 焊接变形　　b) 压应力　　c) 拉应力　　d) 应力合成

图 3-13　焊缝的横向焊接应力

3. 厚度方向的焊接应力

在厚钢板的焊接中，焊缝需要多层施焊。因此，除有纵向和横向焊接应力 σ_x、σ_y 外，还存在着沿钢板厚度方向的焊接应力 σ_z，如图 3-14 所示。在最后冷却的焊缝中部，这三种应力形成三向拉应力，将降低连接的塑性。

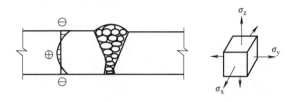

图 3-14　厚板中的焊接残余应力

3.3.2　减小焊接残余应力的措施

1. 设计措施

着眼于降低结构件的拘束度。

1）改进接头设计。如采用刚性小的接头形式，在十字接头中，尽量将焊缝错开而改为 T 形接头等。

2）避免焊缝集中，减少交叉焊缝。

3）尽量减少焊缝数量及尺寸，尤其是角焊缝的焊脚尺寸。

4）在焊接拉应力区内尽量避免存在几何不连续。

5）焊缝避免布置在高应力区域。

2. 工艺措施

着眼于减少焊接热作用的集中，从工艺上设法使焊缝有收缩余地，减少对焊缝的拘束作用。

1）采用合理的焊接顺序和方向。先焊收缩量大的焊缝，先焊焊缝收缩自由，应力自然小。对接焊缝和角焊缝同时存在时，应先焊收缩量大的对接焊缝。原则是：先焊受力大的重要焊缝；焊件壁厚不均匀时先焊薄处；先焊短焊缝，后焊直通长焊缝，使焊缝有较大横向收缩余地。

2）采用反变形法和加热法等辅助手段。反变形法，即预置一个反方向的变形，使其与焊接过程产生的变形相抵消。加热法采用局部加热使加热区局部伸长，带动焊接部位，使焊接部位在焊后冷却时可以比较自由地收缩。

3）采用小的热输入焊接。

4）焊后锤击焊缝，使焊缝得到延伸，从而降低焊接应力。锤击应在刚焊完时进行，保持均匀、适度，避免过度锤击产生裂纹。

3.4　焊接变形及控制

焊接变形是由焊接应力导致的，焊接应力在焊接中无法避免，每一个焊件只要经过焊接就会有应力产生，区别就是应力的大小。那么什么是焊接变形，焊接变形对构件有什么影响,如何控制与消除它?通过本节的学习,了解焊接变形产生的机理、危害和减小变形的方法,以帮助焊工在焊接过程和焊后对焊接变形进行控制。

3.4.1 焊接变形的成因

在焊接过程中,由于加热不均匀,所以在焊接区局部产生了热塑性压缩变形,当冷却时,焊接区要在纵向和横向收缩,势必导致构件产生局部弯曲和扭转等。焊接变形包括纵向和横向收缩、弯曲变形、角变形、波浪变形和扭曲变形等,如图 3-15 所示,且通常是几种变形的组合。任一焊接变形超过验收规范的规定时,必须进行矫正,以免影响构件在正常使用条件下的承载能力。

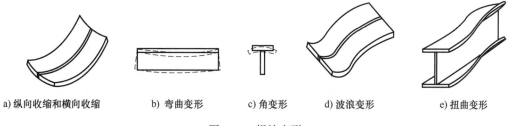

a) 纵向收缩和横向收缩　　b) 弯曲变形　　c) 角变形　　d) 波浪变形　　e) 扭曲变形

图 3-15　焊接变形

3.4.2 焊接变形的影响

焊接变形是焊接结构中经常出现的问题。焊接构件出现了变形,就需要矫正。比较复杂的变形,矫正的工作量可能比焊接的工作量还要大。有时变形太大,甚至无法矫正,变成废品。

焊接变形不但影响结构的尺寸精度和外形美观,而且有可能降低结构的承载能力,引起事故。

3.4.3 预防焊接变形的措施

预防焊接变形的措施很多,除了在焊接接头设计时尽量减少焊缝的数量和缩小尺寸,并合理布置外,工艺措施主要有如下几点。

(1) 合理选择装配、焊接顺序　尽量使焊缝能自由收缩,先焊接工作时受力较大的焊缝或收缩量较大的焊缝。如图 3-16 所示,在工地焊接工字梁的接头时,应留出一段翼缘角焊缝最后焊接,先焊受力最大的翼缘对接焊缝 1,再焊腹板对接缝 2。又如图 3-17 所示的拼接板的施焊顺序:先焊短焊缝①、②,最后焊长焊缝③,可使各长条板自由收缩后再连成整体。上述措施均可有效地降低焊接应力。

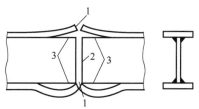

图 3-16　按受力大小确定焊接次序
1、2—对接焊缝　3—角焊缝

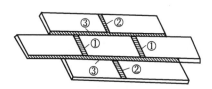

图 3-17　按焊缝布置确定焊接次序
注:①~③为焊接次序。

（2）反变形法　预估焊接变形的大小和方向，在装配时预加一个反方向的变形，使其与焊接过程产生的变形相抵消。也可以在构件上预制一定量的反变形，使之与焊接变形相抵消来防止焊接变形。

（3）刚性固定法　将焊件固定在有足够刚性的夹具上或临时装焊支撑，以增加构件的刚度来减小焊接变形。对于大批量生产的构件，一般都专门设计制造装焊夹具等刚性固定构件，以减小其焊接变形，尤其是减小或防止波浪变形和角变形的产生。

3.4.4　消除焊接变形的措施

消除焊接变形措施主要有热矫正法和机械矫正法两种。

（1）热矫正法　利用气体火焰等加热方法加热构件的伸长部分，使其在较高温度下发生压缩塑性变形，冷却后因收缩而变短，这样使构件的变形得到矫正。

（2）机械矫正法　这是一种冷加工方法，它用机械力使部分金属得到延伸，产生拉伸塑性变形，使变形的构件恢复到所要求的形状。机械矫正法需要专用的大型油压机或水压机等设备，因此在生产中只用于一定规格的、成批生产构件的矫形。

第 4 章 焊接方法

4.1 焊条电弧焊

焊条电弧焊是用手工操作焊条进行焊接的熔焊方法，焊条电弧焊的符号标记为 E，数字标记为 111，其原理如图 4-1 所示。

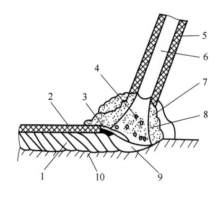

图 4-1　焊条电弧焊原理

1—焊缝　2—焊渣　3—熔渣　4—熔滴　5—药皮　6—焊芯　7—保护气体　8—电弧　9—熔池　10—母材

4.1.1 焊条电弧焊的横焊、立焊焊接操作技术

使用焊条电弧焊方法进行低合金钢板对接横焊和立焊操作，指导焊工掌握单面焊双面成形的施焊要点，包括打磨、组装、焊接参数和焊接手法等。

1. 焊条电弧焊横焊单面焊双面成形

（1）焊前准备

1）母材准备：试件材料采用 Q355（16Mn）钢、试板尺寸为（两块）300mm×125mm×10mm、坡口角度单边 30°±2°。

2）设备准备：选用 ZX7-400 型逆变焊机，焊前检查焊机各处接线是否牢靠，焊钳和地线夹是否符合规定。

3）焊条牌号：E5015（J507），焊条严格按照要求烘干，并将焊条存放于保温筒内，随用随取。

4）试板打磨：清除试板正、背面焊缝两侧 20mm 范围内的油、污物和铁锈，用砂轮清理至露出金属光泽。

5）防护用品：正确穿戴好防护用品，准备好其他焊接辅助工具。

6）定位焊：采用与正式焊接相同的焊条进行定位焊，组装尺寸见表4-1，定位焊在坡口内侧，定位焊长度≤20mm，并将定位焊缝两端打磨出斜坡状。

（2）焊接试板组装尺寸　组装尺寸见表4-1。

表4-1　组装尺寸

方　案	坡口角度/（°）	装配间隙/mm	钝边/mm	反变形/（°）	错边量/mm
方案1	60	始焊端：2.5/终焊端：3.5	0~0.5	6~9	≤1
方案2	60	始焊端：3.2/终焊端：4.0	0~0.5	6~9	≤1

（3）焊接参数　焊接参数见表4-2，焊接引弧电流设置为2~6A，电弧推力设置为2~5N。

表4-2　焊接参数

方　案	装配间隙/mm	焊接层次	焊条直径/mm	焊接电流/A
方案1	始焊端：2.5/终焊端：3.5	打底层	2.5	65~95
		填充层	3.2	110~130
		盖面层	3.2	100~130
方案2	始焊端：3.2/终焊端：4.0	打底层	3.2	100~125
		填充层	4	135~170
		盖面层	4	110~155

（4）操作要点及注意事项　横焊时，焊缝金属不在水平位置，焊缝金属和熔渣受重力作用易下坠，坡口上边易产生咬边，坡口下边易造成焊缝凸起，道与道之间产生凹槽，内部产生未熔合、夹渣、气孔和未焊透等焊接缺陷，因此在焊接过程中要注意焊条角度、焊接电流等。

1）打底层连弧焊：在国际焊工考试中要求采用连弧，参数见表4-2，打底层采用直径2.5mm焊条焊接，在试板始焊端定位焊缝上引弧，稍作停顿预热焊缝，迅速移动到焊缝坡口连接处，将电弧压至较短，并将坡口上下根部熔化，形成熔孔后，将电弧作斜圆圈摆动，要有一定的节奏，向上拉斜圆圈时，要稍慢，在坡口顶部停顿0.3s左右；向下斜拉时稍快，在下坡口处停顿一下，进行正常焊接，焊接过程中，电弧要短，移动速度均匀，焊条角度、熔孔尺寸和运条方法如图4-2所示。

2）打底层灭弧焊：按国家标准进行焊工考试时，使用灭弧法较多。引弧时，采用直径为3.2mm焊条直接在始焊端引弧，这样可以给焊缝先预热一下，当焊条到坡口间隙部位时，将焊条电弧向试板根部推压，同时稍作停顿，看到根部熔化并形成熔孔，并听到"噗嗤"声音后，立即停弧，坡口上侧有

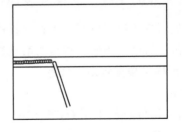
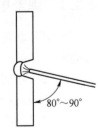
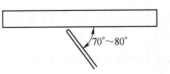

图4-2　横焊打底层焊条角度

1~1.5mm 的斜向熔孔，在坡口下侧熔化 0.5~1mm 的熔孔（见图 4-3），停顿时间为 1~2s，再次引弧，将焊条熔化的金属向熔池送入，焊接电弧的 1/3 在熔池前，用来熔化和击穿坡口根部，电弧 2/3 覆盖在熔池上并保持每个熔池形状大小一样，才能使形成的焊缝美观一致。

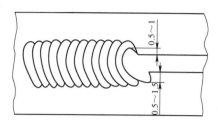

图 4-3 横焊打底熔孔形状

当发现焊接熔孔较大时，应及时在坡口上侧熔孔处快速定位焊，并让熔池冷却时间 0.5s，这样能够有效地控制熔池温度，也可以防止背面焊缝下坠。如果发现熔孔大小难以控制时，可能是焊接电流太大，应及时减小焊接电流。

当发现熔孔较小时，背面焊缝金属凸出量小，可以适当增加焊接时间，以增加焊缝热输入，使熔孔恢复到正常尺寸。如熔孔难以恢复，应及时增大电流。此外，焊条角度、焊接速度、坡口钝边过大和电弧过长时，均会生成熔孔太小的问题。

当焊接时没有形成熔孔，则会导致焊缝根部未熔合；如熔池焊缝金属和焊渣不能有效分离时，会形成夹渣，此时应立即停止焊接，寻找产生缺陷原因后，再重新焊接。

3）打底层焊缝接头：焊接可采用热接和冷接两种方法。

首先，热接时，更换焊条要迅速，避免熔池温度降低，在熔池处于红热状态时，立即在熔池前方 10mm 左右处的坡口边缘引弧，然后立即将电弧拉到上一个熔池根部，并压低电弧，击穿坡口，听到"噗嗤"声音即表明形成熔孔。注意，接头时的第一个熔池应比平时的停顿时间稍长些，而后立即停弧，紧接着再次引弧，开始正常断弧焊接。

其次，冷接时，清理冷却后接头的焊渣和飞溅，如用角向砂轮清理弧坑时，要把半个弧坑打磨成斜坡状，长度约 10mm；如不允许用角向砂轮，须用专用的扁铲将接头清理成斜坡状，长度约为 10mm；也可用专用薄型钢锯伸进坡口间隙，将弧坑处金属去除，形成斜坡。

清理完毕后，在熔池前方 10mm 处的左右坡口边缘引弧，电弧引燃后，将电弧回拉至原停弧处，压低电弧，当听到击穿坡口声音后，即形成熔孔时立即停弧，再恢复正常焊接。

4）填充层焊接：填充焊可选用两种直径的焊条，焊接参数见表 4-2。填充层焊接时，必须保证填充层金属熔合良好，不能产生未熔合、夹渣等焊接缺陷，并可以将第一层焊接产生的小缺陷熔化消除一部分，以提高射线检测合格率。

填充层焊接前，应将打底层的焊渣和飞溅清理干净，并检查打底层的焊缝质量，将焊缝较高的部位去除，检查无误后，调节电流焊接填充层焊缝。

填充层焊缝分两道焊接。填充层第一道焊缝时焊条角度如图 4-4 所示。填充层均用连弧焊，用右焊法，从下侧坡口开始焊接，应保证坡口下部和打底层焊道下部熔合良好，移动均匀，电弧采用短弧法，并控制好弧长，才能使焊缝美观。

焊接填充层第二道焊缝时在第一道焊缝上方，应压第一道的 1/2，并注意不能破坏上侧坡口边缘，稍作摆动，保证与上坡口侧熔合良好，层次安排与焊条角度如图 4-4 所示。

填充层焊接完成后，其焊缝表面应距离下侧坡口表面 1.5~2mm，距离上侧坡口表面 0.5~1mm，为盖面层焊接打好基础。

5）盖面层焊接：盖面层焊缝分三道焊接。盖面层焊条角度和焊道布置如图 4-5 所示，采用连弧多道焊接，焊接速度一定要均匀，从下侧坡口开始焊接，逐道排列，每道焊缝之间应压 1/2 左右，下部第一道焊缝应熔化下侧坡口 0.5~1mm，最后一道熔化上侧坡口 0.5~

1mm，具体可根据评分标准来确定焊缝的宽度。特别需要注意的是最后一道焊缝焊接时容易产生咬边，焊条角度、焊接速度和焊接电流应配合好，才能避免产生咬边，焊出优质的焊缝。

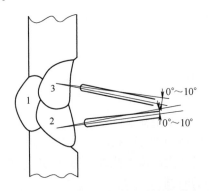

图4-4　横焊填充层焊条角度和焊道布置

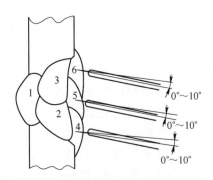

图4-5　盖面层焊条角度和焊道布置

2. 焊条电弧焊立焊单面焊双面成形

（1）焊前准备

1）母材准备：试件材料采用Q355（16Mn）钢、试板尺寸为（两块）300mm×125mm×10mm、坡口角度单边30°±2°。

2）设备准备：选用ZX7-400型逆变焊机，焊前检查焊机各处接线是否牢靠，焊钳和地线夹是否符合规定。

3）焊条牌号：E5015（J507），焊条严格按照要求烘干，并将焊条存放于保温筒内，随用随取。

4）试板准备：清除试板正、背面焊缝两侧20mm范围内的油、污物和铁锈，用砂轮清理至露出金属光泽。

5）防护用品：正确穿戴好防护用品，准备好其他焊接辅助工具。

6）定位焊：采用与正式焊接相同的焊条进行定位焊，装配间隙见表4-3，定位焊在坡口内侧，定位焊长度≤20mm，并将定位焊缝两端打磨出斜坡状。

（2）焊接试板装配尺寸　组装尺寸见表4-3。

表4-3　组装尺寸

坡口角度/（°）	装配间隙/mm	钝边/mm	反变形/（°）	错边量/mm
60	始焊端：3.2/终焊端：4.0	0~0.5	3~5	≤1

（3）焊接参数　焊接参数见表4-4。焊接引弧电流设置为2~6A，推力设置为2~5N。

表4-4　焊接参数

焊接层次	焊条直径/mm	焊接电流/A
打底层（方案1）	3.2	95~115
打底层（方案2）	2.5（采用连弧焊）	65~95
填充层	3.2	100~125
盖面层	3.2	100~130

(4) 操作要点及注意事项　立焊时，要分清熔池中的铁液和熔渣，避免夹渣；并注意观察熔池形状，避免造成焊缝中部凸起较大，导致焊缝表面成形不良。如果层间安排不当或运条方法不熟练，会导致坡口两边易产生咬边，因此焊接立焊时，应控制好熔池形状、焊条角度以及进行断弧操作。

1) 打底层连弧焊操作法：在国际焊工考试中，要求采用连弧焊操作时，按照表 4-4 中打底选用直径 2.5mm 焊条，在试板始焊端定位焊缝上引弧，稍作停顿预热焊缝，移动到焊缝坡口连接处，将电弧压至较短，将坡口根部熔化形成熔孔后，将电弧作小锯齿形或小正月牙形摆动，在坡口两侧停顿 0.3s 左右。焊接过程中，采用短弧焊接，并调整合适的焊条角度，控制好熔池形状，均匀运条，才能做好打底连弧焊，焊条角度如图 4-6 所示。

2) 打底层灭弧焊操作法：由于灭弧焊法操作可控性好，对焊工技能要求低，所以灭弧法采用较多，焊接参数见表 4-4 中打底选用直径 3.2mm 焊条，直接在始焊端引弧，这样可以给焊缝先预热一下，当焊条移到坡口间隙部位时，将焊条电弧向试板根部推压，同时稍作停顿，看到根部熔化并形成熔孔，并听到"噗嗤"声音后，立即停弧，坡口两侧有 1～1.5mm 的斜向熔孔（见图 4-7），停顿 1～2s，当熔池液态金属即将凝固时，再次引弧，将焊条熔化的金属向熔池送入，形成第二个熔池，应使焊接电弧的 1/3 对着坡口，电弧的 2/3 在熔池上，这样反复的引弧和灭弧即形成打底焊缝。

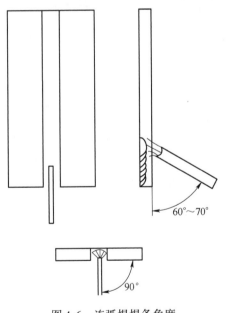

图 4-6　连弧焊焊条角度

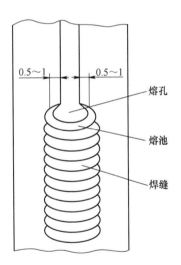

图 4-7　灭弧焊焊条熔孔

当焊接熔孔过大时，焊缝背面余高会较高，严重时形成焊瘤，此时应减小焊接电流和缩短停弧时间，调整好焊枪角度，减小熔孔；当熔孔过小时，焊缝背面会产生未熔合缺陷，此时应增大焊接电流、调整焊条角度和降低焊接速度，以增大熔孔。当没有焊接熔孔出现时，焊缝背面会形成未熔合。当熔池焊缝金属和熔渣不能有效分离时，会形成夹渣，此时应马上停止焊接，寻找产生缺陷原因，把夹渣、未熔合等焊接缺陷去除后再重新焊接。因此焊接过程中应时刻观察熔池的大小，才能使打底焊道平滑美观并符合预期要求。

3) 打底层焊缝接头：焊接可采用热接和冷接两种方法。

首先，热接时更换焊条要迅速，避免熔池温度降低，在熔池还处于红热状态下，立即在熔池前方约10mm处的坡口边缘引弧，然后立即将电弧拉到上一个熔池根部，并压低电弧，击穿坡口，听到"噗嗤"声音后，即形成熔孔。注意，接头时第一个熔池应比平时的停顿时间稍长些，然后立即停弧，再次引弧后，开始正常断弧焊接。

其次，冷接时，将冷却的焊渣和飞溅清理干净。采用角向砂轮清理弧坑时，要把半个弧坑清理干净，并形成斜坡，长度约为10mm；如不允许用角向砂轮时，则需用专用的扁铲清理出斜坡状，长度约为10mm。也可用专用薄型钢锯伸进坡口间隙，去除弧坑处金属，形成斜坡状。

清理完毕后，在熔池前方约10mm处的边缘引弧，引燃电弧后，将电弧拉至原停弧处，压低电弧，当听到击穿坡口声音后，即形成熔孔时立即停弧，再恢复正常焊接。

(5) 填充层焊接　焊接参数见表4-4。填充层焊接时，必须保证填充层金属熔合良好，不能产生未焊透、夹渣等焊接缺陷，并可以将第一层产生的小缺陷熔化消除一部分，以提高射线检测合格率。

填充层焊接前，应将打底层的焊渣和飞溅清理干净，并检查第一层的焊接质量，将焊缝较高的地方去除，检查无误后，调节电流焊接填充层焊缝。

填充层施焊时焊条与焊缝下端夹角60°~80°，左右角度为90°。填充层均采用连弧焊，从坡口下端开始焊接，采用锯齿形或月牙形摆动。为防止焊缝中间凸起，可以在焊缝两边稍作停留，中间运条快。完成焊接后，焊道表面应平整，焊缝中部稍凸，焊缝表面与母材表面高度相差0.5~1.5mm，以利于后面盖面层的焊接，填充层焊缝形状如图4-8所示。

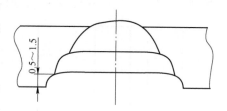

图4-8　填充层焊缝形状

(6) 盖面层焊接　盖面层焊接前，将填充层的焊渣和飞溅清理干净，焊条与焊缝下端夹角60°~80°，左右角度应保持90°，否则易造成焊缝中心不对称或单侧咬边。运条方法采取大锯齿形或反月牙形，在坡口边缘稍作停顿，一定要断弧焊，运条速度要均匀，并熔化坡口边缘0.5~1mm，保证焊缝宽度一致。

接头时，快速更换焊条，从熔池上端10mm处引弧，将电弧回拉到熔池中间，沿着原弧坑形状摆动，填满弧坑后即可按照正常焊接方法完成整体焊接。

值得注意的是，用4mm焊条填充和盖面时，可采用灭弧法焊接，这样能够更有效地控制焊缝成形，避免咬边。

4.1.2　焊条电弧焊薄板平位置焊接

(1) 焊前准备

1) 母材准备：试件材料采用Q235（A3）钢、试板尺寸为（两块）300mm×125mm×2mm。

2) 设备准备：选用ZX7-400型逆变焊机，焊前检查焊机各处接线是否牢靠，焊钳和地线夹是否符合规定。

3) 焊条准备：E4303（J422），焊条严格按照要求烘干，将焊条存放于保温筒内，随用随取。

4) 试板打磨：清除试板正、背面焊缝两侧20mm范围内的油、污物和铁锈，用砂轮清理至露出金属光泽。

5)劳保用品:正确穿戴好防护用品,准备好其他焊接辅助工具。

6)定位焊:采用正式焊接相同的焊条进行定位焊,装配间隙见表4-5,定位焊点在坡口内侧,焊点长度≤10mm,并将焊点处打磨出斜坡状。

(2)焊接试板组装尺寸 组装尺寸见表4-5。

表4-5 组装尺寸

坡口形式	装配间隙/mm	钝边/mm	反变形/(°)	错边量/mm
I	始焊端:0.5/终焊端:1.0	0	0~2	≤0.5

(3)焊接参数 焊接参数见表4-6。

表4-6 焊接参数

焊接层次	焊条直径/mm	电流极性	焊接电流/A
一层一道	2.5	直流反接	45~70

(4)操作要点及注意事项 由于试板较薄,所以平焊时容易烧穿,薄板升温较快,熔池中的铁液和熔渣容易混在一起易造成夹渣;由于焊接速度较快,熔池形状较难控制,运条方法不熟练等易造成焊缝成形不良。

1)采用直流反接连弧焊:工件接负极,焊钳接正极,合理调整电流,太大容易焊穿,太小易产生背面未焊透和夹渣。在试板始焊端定位焊缝上引弧,稍作停顿以预热焊缝,迅速移动到焊缝坡口连接处;采用短弧焊接,运条方法采用直线形或直线往返形,焊条角度如图4-9所示。由于焊接速度比较快,熔孔基本看不到,只能凭操作感觉,起始焊时焊条角度为90°,否则热量分配不均匀,会造成焊缝终端错边,影响后续焊接。焊接接头时,须清理弧坑,形成斜坡状,检查确认弧坑背面无缺陷后方可进行焊接。接头时应从焊缝后面引弧,立刻将电弧拉回到弧坑斜坡处焊接,同时稍作停留,因此焊接过程中,操作手法应非常熟练,才能焊出单面焊双面成形的焊缝。

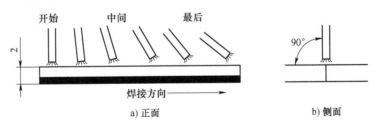

图4-9 薄板平焊连弧焊焊条角度

2)采用直流反接灭弧焊:工件接负极,焊钳接正极,焊条角度如图4-10所示,焊接电

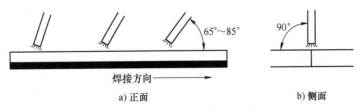

图4-10 薄板平焊灭弧焊焊条角度

流可以比连弧焊时稍大。引弧时,采用直径 2.5mm 焊条,直接在始焊端引弧,这样可以起到预热作用,开始焊接后,适当压低电弧,看到根部熔化并形成熔孔时,立即向已焊接的焊缝方向跳弧,坡口两侧有 0.5~1mm 的熔孔。当熔池液态金属的颜色变为暗红色时,再次引弧,将焊条熔化的金属向熔池过渡,形成第二个熔池,应使焊接电弧的 1/2 对着坡口,电弧的 1/2 在熔池上,这样反复的引弧和灭弧才会形成焊缝。注意灭弧频率要快,过慢会产生收弧气孔;焊条角度一定要垂直于两侧试板,不然热量分配不均匀,造成焊缝末端错边,影响后续焊缝的焊接。焊接接头时,须清理弧坑,形成斜坡状,确认弧坑背面无缺陷后方可焊接,焊接接头时要从焊缝背面引弧,马上将电弧拉回到弧坑斜坡处并稍作停留。因此焊接过程中,操作灭弧手法应非常熟练,才能焊出单面焊双面成形的焊缝。

4.2 熔化极气体保护焊

4.2.1 基本原理

熔化极气体保护焊(GMAW)是指可熔化的金属焊丝作电极并由气体作保护介质的电弧焊。其原理为,连续送进的焊丝金属不断熔化并过渡到熔池,与熔化的母材金属熔合形成焊缝金属,从而使焊件间相互连接起来(见图 4-11)。

熔化极气体保护焊根据保护气体的种类不同可分为以下三类。

(1)熔化极惰性气体保护焊(MIG) 保护气体采用氩气、氦气或氩气与氦气的混合气体,它们不与液态金属发生冶金反应,只起保护焊接区使之与空气隔离的作用。因此电弧燃烧稳定,熔滴过渡平稳,无激烈飞溅。这种方法特别适用于铝、铜、钛等有色金属的焊接。

(2)熔化极非惰性混合气体保护焊(MAG) 保护气体由惰性气体和少量氧化性气体混合而成。由于保护气体具有氧化性,所以常用于黑色金属的焊接。在惰性气体中混入少量氧化性气体的目的是在基本不改变惰性气体电弧特性的条件下,进一步提高熔滴过渡的稳定性,改善焊缝成形,降低电弧辐射强度。

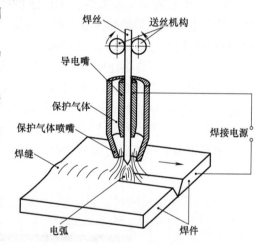

图 4-11 熔化极气体保护焊原理示意

(3)CO_2 气体保护焊 保护气体为 CO_2,有时采用 $CO_2 + O_2$ 的混合气体。由于保护气体的价格低廉,采用短路过渡时焊缝成形良好,加上使用含脱氧剂的焊丝可获得无内部焊接缺陷的高质量焊缝,因此这种方法已成为黑色金属材料的重要焊接方法之一。

4.2.2 气体保护焊横焊教学要点

本节重点介绍气体保护焊低合金钢板对接横焊操作,单面焊双面成形的操作技术要点,包括打磨、组装、焊接参数和焊接操作手法等,以达到焊缝的质量要求。

(1) 焊前准备

1) 母材准备：试件材料采用 Q355（16Mn）钢、试板尺寸为（两块）300mm×125mm×10mm、坡口角度单边 30°±2°。

2) 设备准备：选用 NBC-300 型气体保护焊机，焊前检查焊机各处接线是否牢靠，焊钳和地线夹是否符合规定。

3) 保护气体：采用配比为 78%Ar+22%CO_2 混合气或纯度≥98%的 CO_2。

4) 焊丝准备：ER50-6（AWS70S-6），焊丝存放按照标准执行。

5) 试板准备：清除试板正、背面焊缝两侧 20mm 范围内油、污物和铁锈，用砂轮清理至露出金属光泽。

6) 防护用品：正确穿戴好防护用品，准备好其他焊接辅助工具，做好防风工作，防止气孔的产生。

7) 定位焊：采用与正式焊接相同的焊丝进行定位焊，装配间隙见表 4-7，定位焊点在坡口内侧，焊点长度 10~20mm，并将焊点两端打磨出斜坡状。

(2) 焊接试板组装尺寸　组装尺寸见表 4-7。

表 4-7　组装尺寸

坡口角度/(°)	装配间隙/mm	钝边/mm	反变形/(°)	错边量/mm
60	始焊端：2.0/终焊端：3.0	0~0.5	5~8	≤0.5

建议： 钝边一定要有，不然在打底焊时容易焊穿，但可以小一些。

(3) 焊接参数　焊接参数见表 4-8。

表 4-8　焊接参数

焊接层次	焊丝直径/mm	焊接电流/A	电弧电压/V	焊丝伸出长度/mm	气体流量/L·min^{-1}
打底层	1.2	90~110	17~21	10~15	15~18
填充层	1.2	120~150	18~23	10~15	15~18
盖面层	1.2	100~130	18~22	10~15	16~18

注：1. 建议焊枪型号采用 300A，喷管直径 16mm。
　　2. 此焊接参数对左右焊法均适用。

(4) 操作要点及注意事项　由于在横焊中，焊缝金属在垂直位置，熔敷金属受重力作用易下坠，所以坡口上侧易产生咬边，坡口下侧易形成焊缝凸起，道与道之间易产生凹槽，内部易产生未熔合、夹渣、气孔和未焊透等焊接缺陷。因此在焊接过程中应保持较小的熔孔和较小的熔池，右焊法操作，焊道布置为 3 层 6 道，如图 4-12 所示。

1) 打底层连弧焊：焊接参数见表 4-8，在试板右边始焊端定位焊缝上引弧，稍作停顿预热焊缝，迅速移动到焊缝坡口连接处，将电弧压至较短，并将坡口上下根部熔化，形成熔孔后，将电弧作上下小幅摆动，向左移

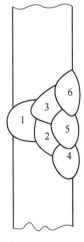

图 4-12　气体保护横焊焊道布置

动，进行正常焊接。焊接过程中，电弧一定要短，移动速度均匀，焊枪角度、熔孔尺寸和运条方法如图 4-13 所示。

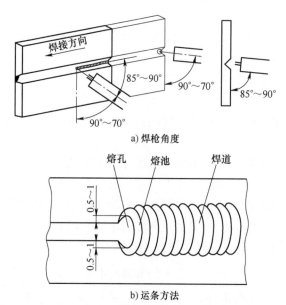

图 4-13 焊枪角度、熔孔尺寸和运条方法

气体保护焊打底焊熔孔大小没有焊条电弧焊明显，但决定了背面焊缝的宽度和余高，因此要求熔孔宽度比间隙大 1~2mm，尽量在焊接过程中保持熔孔大小一致，这样才能把打底焊缝焊好。

当发现焊接熔孔较大时，应及时在坡口上侧熔孔处快速点焊，并让熔池冷却 0.5s，这样能够有效地控制熔池温度；也可以防止背面焊缝下坠现象出现。如发现熔孔大小难以控制，则可能是焊接电流太大，应及时减小焊接电流。

当发现熔孔较小时，背面焊缝金属凸出量小，则可以适当增加焊接时间，以增加焊缝热输入量，使熔孔恢复到正常尺寸；如熔孔难以恢复，应及时增大电流。此外焊枪角度、焊接速度、坡口钝边过大和电弧过长时，也会造成熔孔太小的问题。

如果焊接时没有形成熔孔，则会导致焊缝根部未熔合，此时应立即停止焊接，寻找产生缺陷原因，并将未熔合等焊接缺陷去除后，再重新焊接。

2) 打底层焊缝接头：焊接可采用热接和冷接两种方法。

首先，热接时，引弧要迅速，不能让熔池温度降低，在熔池还处于红热的状态下，立即在熔池前方 10mm 左右坡口边缘引弧，然后立即将电弧拉到上一个熔池根部，并压低电弧，击穿坡口，听到形成熔孔"噗嗤"声音后，形成熔孔。注意，接头第一个熔池应比平时的停顿时间稍长，后立即停弧，再次引弧后，开始正常断弧焊接。

其次，冷接时，将冷却熔池的焊渣和飞溅清理后，可采用角磨机清理弧坑，打磨掉半个弧坑，并形成斜坡状，长度为 10mm 左右；在不允许用角磨机时，也可采用专用的扁铲将弧坑处清理出斜坡状，长度为 10mm 左右；还可采用专用薄型钢锯伸进坡口间隙，将弧坑处金属去除，形成斜坡状。

清理完毕后，在熔池后方 10mm 焊缝左右坡口边缘引弧，引燃电弧后，看到熔孔时开始正常焊接。

3）填充层焊接：填充层焊接分两道焊缝。

填充层焊接前，应将打底层的焊渣和飞溅清理干净，并检查打底层的焊接质量，由于气体保护焊的接头处较高，因此高出接头处的焊缝都要人工打磨去除，检查无误后，调节电流，焊接填充层，焊接过程中必须保证填充层金属熔合良好，不得产生未熔合、夹杂等焊接缺陷。

填充层第一道焊缝焊接时焊枪角度如图4-14所示。

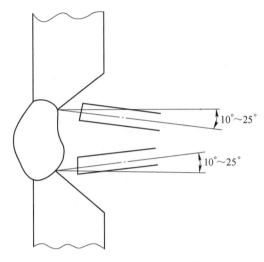

图4-14 填充层焊枪角度

填充层均采取连弧焊、右焊法，从坡口下方开始焊接，逐道向上排列，并保证坡口下部和第一层焊道下部熔合良好，移动速度均匀，长短一致，才能使焊缝美观。

填充层第二道要压上道的1/2，注意保留上侧坡口边缘不能破坏，稍作摆动，保证第二道焊缝和上坡口侧熔合良好。

填充层焊接完成后，其表面应距离下坡口表面1.5~2mm，距离上坡口0.5~1mm，为盖面层打好基础。

4）盖面层焊接：盖面层焊枪角度如图4-15所示，采用三道焊接。

采用连弧多道焊接，焊接速度要均匀，可以用小直线往返形或锯齿形的操作手法，从坡口下方开始焊，逐道排列，每道焊缝之间要压道1/2左右，下部第一道要熔化下坡口0.5~1mm，最后一道焊缝熔化坡口上侧0.5~1mm。值得注意的是：可以稍微待焊缝冷却一下，再焊接最后一道盖面焊缝。具体可根据评分标准来确定焊缝的宽度。特别注意最后一道焊缝焊接时容易产生咬边，焊枪角度和焊接电流配合好，焊接速度要稍快，才不会产生咬边，焊出优质的焊缝。

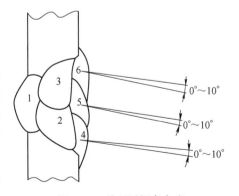

图4-15 盖面层焊条角度

4.3 钨极氩弧焊

4.3.1 焊接原理、分类及特点

钨极氩弧焊，简称 TIG 焊，是指使用纯钨或活化钨（钍钨、铈钨等）电极的惰性气体保护电弧焊。它是一种在非熔化电极和焊件之间产生热量的电弧焊方式。电极棒、熔池、电弧和焊件临近受热区域由保护气体（氩气）隔绝空气。焊接时氩气从焊枪的喷嘴中连续喷出，在电弧周围形成保护层隔绝空气，以防止其对钨极、熔池及邻近热影响区的影响，从而获得优质的焊缝。焊接过程中根据焊件的具体要求可以加或者不加填充焊丝。钨极惰性气体保护焊原理如图 4-16 所示。

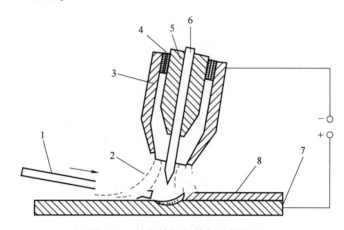

图 4-16 钨极惰性气体保护焊原理
1—焊丝 2—氩气 3—喷嘴 4—绝缘套 5—导电嘴 6—钨极 7—焊件 8—焊缝

钨极氩弧焊按机械化程度可分为手工和自动焊。对于长直焊缝和规则的曲线焊缝，适用于自动化焊接；不规则焊缝或较短的焊缝，适用于手工焊操作。

TIG 焊优缺点如下：

1）氩气具有极好的保护作用，能有效地隔绝周围空气；它本身既不与金属起化学反应，也不溶于金属，使得焊接过程中的冶金反应简单易控制，因此为获得较高质量的焊缝提供了良好条件。

2）钨极电弧非常稳定，即使在很小电流的情况下（<10A）仍可稳定燃烧，特别适用于薄板材料的焊接。

3）热源和填充焊丝可分别控制，因而热输入容易调整，所以可进行全位置焊接，也是实现单面焊双面成形的理想方法。

4）由于填充焊丝无电流，故不产生飞溅，焊缝成形美观。

5）由于交流氩弧焊在焊接过程中能够自动清除焊件表面的氧化膜，因此可成功地焊接一些化学活泼性强的有色金属，如铝、镁及其合金。

6）由于钨极承载电流能力较差，过大的电流会引起钨极的熔化和蒸发，其微粒有可能进入熔池而引起夹钨，因此熔敷速度小、熔深浅、生产率低。

7）氩气较贵，熔敷率低；焊机较复杂，与其他焊接方法（如焊条电弧焊、埋弧焊、CO_2 气体保护焊）相比，生产成本较高。

8）氩弧周围受气流影响较大，不宜室外焊接作业。

4.3.2 钨极惰性气体保护焊设备

典型的钨极惰性气体保护焊设备是由焊接电源及控制系统、焊枪、供气系统和冷却水系统等组成，如图 4-17 所示。

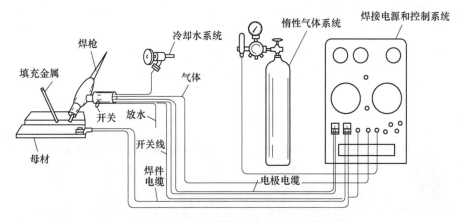

图 4-17　钨极惰性气体保护焊设备

自动焊设备比手工焊设备多了一套焊枪移动装置和一套送丝机构，通常两者结合在一台可行走的焊接机头（小车）上。如图 4-18 所示为焊枪与导丝嘴在焊接小车上的位置。

专用自动焊设备是根据用途和产品结构而设计，如管子－管板孔口环缝自动钨极惰性气体保护焊专机，管子对接内环缝或外环缝自动钨极惰性气体保护焊专机等。

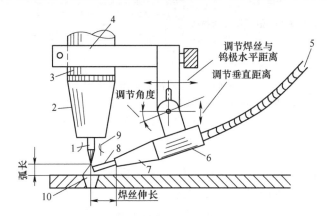

图 4-18　自动钨极惰性气体保护焊
1—钨极　2—喷嘴　3—焊枪体　4—焊枪夹　5—焊丝导管
6—导丝装置　7—导丝嘴　8—焊丝　9—保护气流　10—熔池

1. 焊枪

（1）作用与要求　焊枪的作用是夹持电极、传导焊接电流和输送保护气体。它应满足

下列要求:

1) 保护气体具有良好的流动状态和一定的挺度,以获得可靠的保护效果。
2) 有良好的导电性、气密性和水密性(水冷时)。
3) 充分冷却,以保证能持久工作。
4) 喷嘴与钨极之间绝缘良好,以免喷嘴和工件接触发生短路、电弧擦伤。
5) 重量轻、结构紧凑,可达性好,拆装、维修方便。

(2) 类型与结构 焊枪分气冷式和水冷式两种,前者用于小电流(一般≤150A)焊接,其冷却作用主要是由保护气体的流动来完成,重量轻、尺寸小、结构紧凑、价格便宜;后者用于大电流(一般≥150A)焊接,其冷却作用主要由流过焊枪内的循环水来实现,结构较复杂,比气冷式焊枪重量大、价格贵。图 4-19 为典型水冷式焊枪结构。

焊枪规格按承载的最大电流,配备不同规格的电极和喷嘴。

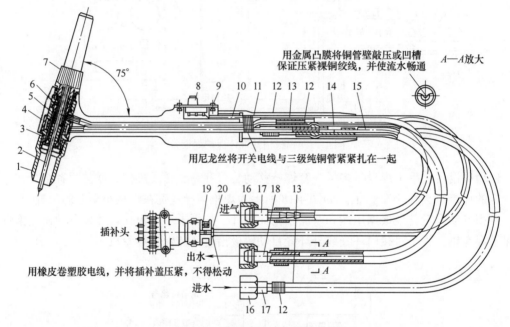

图 4-19 典型水冷式焊枪结构图

1—陶瓷喷嘴 2—钨电极 3、4—封环 5—枪体塑料压制件 6—轧头套筒 7—绝缘帽 8—拨动式波段开关 9—球面圆柱螺钉 10—双股并联塑胶线 11—手柄 12—尼龙线 13—聚氯乙烯半透明塑料管 14—聚氯乙烯半透明塑料管 15—镀锡裸绞线 16—螺母 17、18—管接头 19—直式电缆插头(阳插头) 20—软橡胶

(3) 喷嘴 喷嘴的形状和尺寸对气体保护效果影响很大。为了取得良好保护效果,通常使出口处获得较厚的层流层,喷嘴直径越大,保护范围越宽,但可达性变差,且影响视线。通常圆柱通道内径 D_n (mm)、长度 l_0 (mm) 和钨极直径 d_w (mm) 之间的关系为

$$D_n = (2.5 \sim 3.5)d_w \tag{4-1}$$

$$l_0 = (1.4 \sim 1.6)D_n + (7 \sim 9) \tag{4-2}$$

有时在气流通道中加设多层铜丝网或多孔隔板(称气筛)以限制气体横向运动,有利于形成层流。喷嘴内表面应保持清洁,若喷孔粘有其他物质,将会干扰保护气柱或在气柱中产生紊流,影响保护效果。

有色金属（如钛等）在高温下对空气污染很敏感，焊接时应使用带拖罩的喷嘴。

喷嘴材料有陶瓷、纯铜和石英等三种。高温陶瓷喷嘴既绝缘又耐热，应用广泛，但焊接电流一般≤300A；纯铜喷嘴使用电流可达500A，需采用绝缘套与导电部分隔离；石英喷嘴透明，焊接可见度好，但价格较贵。

2. 供气系统与水冷系统

（1）供气系统　供气系统由高压气瓶、减压阀、浮子流量计、软管和电磁气阀等组成，如图4-20所示。减压阀将高压气瓶中的气体压力降至焊接所要求的压力，流量计用来调节和标示气体流量大小，电磁阀控制气流的通断。

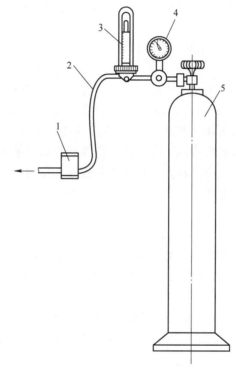

图4-20　供气系统
1—电磁气阀　2—软气管　3—浮子流量计　4—减压阀　5—高压气瓶

氩气瓶与氧气瓶一样，其标称容量为40L，满瓶压力为15.2MPa，气瓶外表面涂灰色，并标注"氩气"字样；减压阀和流量计常组合成一体，这样使用方便可靠。

（2）水冷系统　用水冷式焊枪时，需有供冷却水的系统。对于手工水冷式焊枪，通常将焊接电缆装入通水的软管中做成水冷电缆，这样可大大提高电流密度、减轻电缆重量，使焊枪更轻便。在水路中串接水压开关，保证冷却水接通并达到一定压力后才起动焊机。

4.3.3　电极材料

（1）对电极材料的要求　钨极惰性气体保护焊用电极材料性能对电弧稳定性、连续工作时间及焊接质量影响较大，因此要求电极材料具有如下性能。

1）耐高温：要求电极在焊接过程中不熔化烧损，否则不仅使电极本身消耗很快，而且还会使电弧发生飘移，造成电弧不稳定。此外，电极一旦熔化，电极材料进入熔池会污染焊缝，产生焊接缺陷，影响焊缝质量。

2）电子发射能力强：要求电极材料的逸出功小，特别是在高温时应具有较强的热电子发射能力。

3）载流能力大：要求电极具有良好的导电性能及导热性能，能承载较大电流而不过热。

4）磨削加工性好：电极的表面需经过磨削，具有一定的尺寸精度和端部角度，从而保证电极的夹持精度及可靠的导电性能，保持电弧的稳定，提高电弧热量的集中性。

5）放射性小：某些用于提高电极发射电子能力的物质具有放射性，因此应选用放射性小的电极材料。

（2）常用电极材料　目前所用的电极材料有纯钨、钍钨、铈钨、锆钨及锶钨等，其中最常用的是钍钨和铈钨。

1）纯钨：由于钨的熔点很高，约为3410℃，沸点约为5900℃，因此不易熔化和蒸发。用纯钨可以制成各种直径的电极，并具有较好的磨削加工性能。纯钨的逸出功较高，为 4.31~5.16eV，因此冷态引弧困难较大。但钨的熔点高，在高温时，钨的热电子发射能力很强，一旦电弧引燃，电弧将很稳定。在直流正极性焊接时（钨极为正极），由于有较强的热电子发射能力，故许用焊接电流较大；在直流负极性焊接时（钨极为负极），钨极不能发挥热电子发射的优势，许用电流很小。交流焊时，介于上述两者之间，许用电流值也居于两者之间。

2）钍钨：在纯钨中加入质量分数为1%~2%的氧化钍（ThO_2），不但使电子的逸出功大大降低，电子发射能力显著增强，并改善电极的引弧性和稳弧性，而且还能提高电极的载流能力，延长电极的使用寿命。但是钍钨极中所含的少量 ThO_2 具有较强的放射性，因此目前使用较少。

3）铈钨：为降低电极的放射性，改用放射性较低的铈（Ce）来代替钍。实践证明，在纯钨中加入质量分数为2%左右的氧化铈（CeO），同样能明显地降低电极的逸出功，提高电极的引弧性和稳弧性。特别在小电流焊接时，铈钨极的弧束比钍钨极还要细，电弧的热量更集中。同时电极的烧损率下降，减少修磨次数。但在大电流焊接时，铈钨极的抗过热能力还不如钍钨极。铈钨极由于放射性弱，所以是很有发展前途的电极材料。

三种钨极性能比较见表4-9。成分中含有的 SiO_2、Fe_2O_3、Al_2O_3 等为冶金杂质，应予以限制，否则将会降低电极熔点，影响使用性能。

表4-9　三种钨极性能比较

名称	空载电压	电子逸出功	小电流下段弧间隙	弧压	许用电流	放射性剂量	化学稳定性	大电流时烧损	寿命
纯钨	高	高	短	较高	小	无	好	大	短
钍钨	较低	较低	较长	较低	较大	小	好	较小	较长
铈钨	低	低	长	低	大	无	较好	小	长

为了使用方便，钨极一端常涂有颜色，以便识别，钍钨极为红色，铈钨极为灰色，纯钨极为绿色。常用钨极的直径有0.5mm、1.0mm、1.6mm、2.0mm、2.4mm、3.2mm和4.0mm

等规格。

4.3.4 钨极氩弧焊横焊、立焊教学要点

本节重点介绍钨极惰性气体保护焊低碳素钢板对接横焊和立焊,单面焊双面成形的操作技术要点,包括打磨、组装、焊接参数和焊接操作手法等,以达到焊缝的质量要求。

1. 钨极惰性气体保护焊横焊单面焊双面成形

(1) 焊前准备

1) 母材准备：试件材料采用 Q235A（A3）钢、试板尺寸为（两块）300mm×125mm×6mm、坡口角度单边 30°±2°。

2) 设备准备：选用 WSE-300 型交直流两用钨极氩弧焊机或 WSE-300 直流钨极氩弧焊机,焊前检查焊机各处接线是否牢靠、焊枪状态良好、冷却系统无泄露,地线夹是否符合规定,采用直流正接法（地线夹接焊机正极,焊枪接焊机负极）。

3) 保护气体：采用高纯氩气,纯度要求为 99.99% 以上。

4) 焊丝准备：TIG-50 焊丝。

5) 试板准备：清除试板正、背面焊缝两侧 20mm 范围内的油、污物和铁锈,用砂轮清理打磨至露出金属光泽。

6) 防护用品：正确穿戴好防护用品,准备好其他焊接辅助工具,做好防风工作,防止气孔的产生。

7) 钨极：铈钨电极 WCe-20,ϕ2.4mm,端部磨出 30°圆锥形,如图 4-21 所示。

8) 定位焊：采用正式焊接相同的焊丝进行定位焊,装配间隙见表 4-10,定位焊点在坡口内侧,焊点长度≤15mm,并将焊缝处打磨出斜坡状。

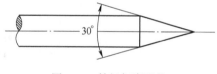

图 4-21 钨极打磨形状

(2) 焊接试板组装尺寸　组装尺寸见表 4-10。

表 4-10　组装尺寸

坡口角度/(°)	装配间隙/mm	钝边/mm	反变形/(°)	错边量/mm
60	始焊端：2.0/终焊端：3.0	0～0.5	4～6	≤0.5

(3) 焊接参数　焊接参数见表 4-11。

表 4-11　焊接参数

焊接层次	焊丝直径/mm	钨极直径/mm	焊接电流/A	电弧电压/V	钨极伸出长度/mm	喷嘴直径/mm	气体流量/L·min^{-1}
打底层	2.4	2.4	75～95	15～18	4～8	8～12	8～10
填充层	2.4	2.4	80～110	16～19	4～8	8～12	8～10
盖面层	2.4	2.4	80～110	16～19	4～8	8～12	8～10

注：1. 此参数同样适应摇摆焊方法。
　　2. 为了控制热量,填充层可以焊接两层。
　　3. 盖面层时,可以单道完成,必须控制好热输入。
　　4. 焊接过程中钨极碰到熔池时,形成夹钨,应立即停止焊接,采用砂轮清理,并更换钨极。

（4）操作要点及注意事项　横焊时，焊缝金属在横位置，焊缝金属受重力作用易下坠，坡口上侧易产生咬边，坡口下侧易造成焊缝凸起，道与道之间易产生凹槽，因此在焊接过程中应保持较小熔孔和较小的熔池，并快速焊。右焊法操作，焊缝布置为3层6道，如图4-22所示。

1）打底层连弧焊：焊枪角度和焊丝位置如图4-23所示。

在试板右边始焊端定位焊缝上引弧，稍作停顿预热焊缝，迅速移动至焊缝坡口连接处，将电弧压至较短，并将坡口上下根部熔化，形成熔孔后，立即填加焊丝。采用连续填丝法时，将电弧作上下小幅摆动，熔化上下坡口根部和焊丝，向左移动，进行正常焊接。焊接过程中，钨极和熔池之间距离要短，移动速度需均匀。也可采用断续填丝法，即在形成熔孔后，填加一次焊丝，焊枪向前移动，再形成熔孔，最后再填加一次焊丝，这样来完成整条焊缝的焊接。

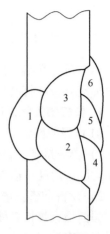

图4-22　焊缝布置

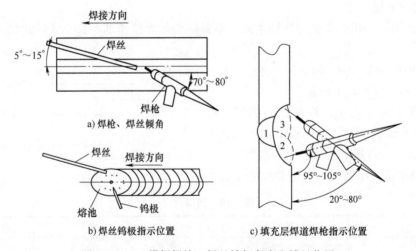

图4-23　TIG横焊焊枪、焊丝填加角度和填丝位置

钨极氩弧焊打底焊熔孔比较小，但决定了焊缝背面的宽度和余高，断续填丝法要求熔孔宽度比间隙大0.5~1mm，尽量在焊接过程中保持熔孔大小一致，才能将打底层焊缝焊好。连续填丝法焊接过程中不易观察到熔孔，1/3焊丝在背面，2/3焊丝在正面，依靠氩弧焊电弧的穿透力，将坡口根部和焊丝同时熔化，形成打底层焊缝。

当发现焊接熔孔较大时，应及时增加焊枪摆动幅度，多填加焊丝，调整焊枪角度或采用停弧手段，这样能够有效地控制熔池温度，如发现熔孔无法控制时，可能是电流太大，应及时减小焊接电流。

当发现焊接熔孔较小时，背面焊缝金属少，可以增加焊枪角度，以增加焊缝热输入，使熔孔恢复到正常尺寸；当熔孔无法恢复时，应及时增大电流。另外，焊枪角度不当、焊接速度过快、坡口钝边太大和电弧太长等，都会造成熔孔太小。

2）接头：氩弧焊的接头比较容易，冷接、热接都可以。接头时，在原熔池的后面6mm上下引弧，将焊枪上下摆动预热焊缝，移动至原熔池处，待坡口根部熔化，形成熔孔时，立即填加焊丝，接头就完成了。

3）填充层焊接：填充层焊缝分两道焊接，填充层焊接前，应采用钢丝刷把打底层的表面清理干净，检查无误后，调节电流焊接填充层。填充层均采用连弧焊、右焊法，操作手法与打底焊基本相同，仅增加了焊枪摆宽。打底层焊道下部熔合良好，移动速度均匀，填加焊丝应一致，才能使焊缝美观。

应特别注意的是：由于氩弧焊电弧穿透力强，打底层易烧穿，因此要控制热输入，防止烧穿。

填充层焊接两道焊缝，其表面应距离下坡口表面0.5～1mm，为盖面层打好基础。

4）盖面层焊接：盖面层焊缝焊接分三道，盖面层焊道和焊枪角度如图4-24所示。

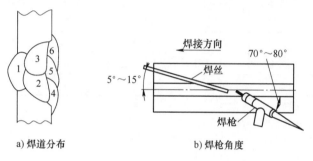

图4-24　TIG横焊盖面层焊道和焊枪角度

采用连弧多道焊接，焊接速度要均匀。可采用锯齿形摆动的操作手法，从坡口下方棱边开始焊，下部第一道焊缝应熔化下坡口0.5mm左右，均匀填加焊丝，逐道排列。下道焊缝要压上道1/2左右，等焊缝稍微冷却，再焊接最后一道盖面焊缝，最后一道熔化坡口上侧0.5mm左右，具体可根据评分标准来确定焊缝的宽度。特别注意最后一道焊缝焊接时容易产生咬边，焊枪角度和焊接电流应配合好，均匀填加焊丝，电弧短，焊接速度稍快，才不会产生咬边，焊出优质焊缝。

2. 钨极惰性气体保护焊立焊单面焊双面成形

（1）焊前准备

1）母材准备：试件材料采用Q235A（A3）钢、试板尺寸300mm×125mm×6mm（两块）、坡口角度单边30°±2°。

2）设备准备：选用WSE-300型交直流钨极氩弧焊机或WSE-300直流钨极氩弧焊机，焊前检查焊机各处接线是否牢靠，焊枪状态良好、冷却系统无泄露，地线夹是否符合规定，采用直流正接法（地线接焊机正极，焊枪接焊机负极）。

3）保护气体：采用高纯氩气，纯度要求为99.99%以上。

4）焊丝准备：TIG-50焊丝，焊丝存放按照标准执行。

5）试板准备：清除试板正、背面焊缝两侧20mm范围内的油、污物和铁锈，用砂轮清理打磨至露出金属光泽。

6）防护用品：正确穿戴好防护用品，准备好其他焊接辅助工具，做好防风工作，防止气孔的产生。

7) 钨极：铈钨电极 WCe-20，ϕ2.4mm，端部磨出 30°圆锥形，如图 4-21 所示。

8) 定位焊：采用与正式焊接相同的焊丝进行定位焊，装配间隙见表 4-12，定位焊点在坡口内侧，焊点长度<15mm，并将焊缝处打磨出斜坡状。

(2) 焊接试板组装尺寸　组装尺寸见表 4-12。

表 4-12　组装尺寸

坡口角度/(°)	装配间隙/mm	钝边/mm	反变形/(°)	错边量/mm
60	始焊端：2.0/终焊端：3.0	0~0.5	4~6	≤0.5

(3) 焊接参数　焊接参数见表 4-13。

表 4-13　焊接参数

焊接层次	焊丝直径/mm	钨极直径/mm	焊接电流/A	电弧电压/V	钨极伸出长度/mm	喷嘴直径/mm	气体流量/L·min^{-1}
打底层	2.4	2.4	75~95	15~18	4~8	8~12	8~10
填充层	2.4	2.4	80~110	16~19	4~8	8~12	8~10
盖面层	2.4	2.4	80~110	16~19	4~8	8~12	8~10

注：1. 此参数同样适应摇摆焊方法。
　　2. 为了控制热量，填充层可以焊接两层。
　　3. 焊接过程中钨棒碰到熔池，形成夹钨，应立即停止焊接，采用砂轮清理，并更换钨极，不然在射线检测时，胶片上会出现亮点，造成射线检测不合格。

(4) 操作要点及注意事项　立焊时，焊缝金属在垂直位置，焊缝金属受重力作用易下坠，焊缝易形成凸起，操作不当时，背面焊缝会产生焊瘤和咬边。因此，在焊接过程中应保持较小熔孔和较小熔池，快速焊。本节介绍的立焊是自下向上的焊接操作，其焊缝布置为 3 层，如图 4-25 所示。

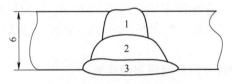

图 4-25　TIG 立焊焊道布置

1) 打底层连弧焊：焊枪角度和焊丝位置如图 4-26 所示。

在试板下边始焊端定位焊缝上引弧，稍作停顿预热焊缝，迅速移动到焊缝坡口连接处，将电弧压至较短，并将坡口左右根部熔化，形成熔孔后，立即填加焊丝。采用连续填丝法时，将电弧作上下小幅摆动，熔化上下坡口根部和焊丝，向上移动，进行正常焊接。焊接过程中，钨极和熔池之间距离一定要短，移动速度需均匀。采用断续填丝法时，即在形成熔孔后，填加一次焊丝，焊枪向上移动，再形成熔孔，再填加一次焊丝，来完成整条焊缝。

钨极氩弧焊打底焊熔孔比较小，但决定了焊缝背面的宽度和余高，断续填丝法要求熔孔宽度保持比间隙大 0.5~1mm，尽量在焊接过程中保持熔孔大小一致，才能将打底焊焊好。连续填丝法焊接过程中看不到熔孔，1/3 焊丝在背面，2/3 焊丝在正面，依靠氩弧焊电弧的穿透力，将坡口根部和焊丝同时熔化，形成打底层焊缝。

当发现焊接熔孔较大时，应及时增加焊枪摆动幅度，多填加焊丝，调整焊枪角度或采用停弧手段，这样能够有效地控制熔池温度，如果发现熔孔无法控制时，可能电流太大，应及时减小焊接电流。

当发现焊缝熔孔较小时，背面焊缝金属少，可以增加焊枪角度，以增加焊缝热输入，使熔孔恢复到正常尺寸；当熔孔无法恢复时，应及时增大电流。另外，焊枪角度不当、焊接速度过快、坡口钝边太大和电弧太长等，都会形成熔孔太小。

2）接头：氩弧焊的接头比较容易，冷接、热接都可以。接头时，在原熔池的下面 6mm 左右引弧，将焊枪左右摆动预热焊缝，移动至原熔池处，待坡口根部熔化，形成熔孔时，立即填加焊丝，接头就完成了。

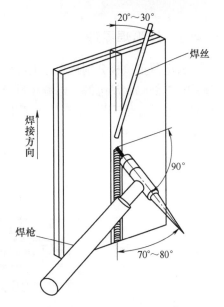

图 4-26　焊枪角度和焊丝位置

3）填充层焊接：填充层焊接前，采用钢丝刷将打底层焊缝的表面清理干净，检查无误后，调节电流进行焊接，必须保证填充层金属熔合良好，填充层均采用连弧焊操作手法焊接一道。与打底层焊接操作手法相近，仅增加了焊枪摆动幅度。

应特别注意的是：由于氩弧焊电弧穿透力强，打底层易烧穿，因此要控制热输入，防止烧穿。

4）盖面层焊接：采用单道焊接，焊接速度一定要均匀，可以用锯齿形和焊枪摆动幅度增加的操作手法，从坡口下端开始焊，均匀添加焊丝，最后一道熔化坡口左右两侧 0.5mm 左右，要根据评分标准来确定焊缝的宽度，特别注意最后一道容易产生咬边，焊枪角度和焊接电流配合好，添加焊丝均匀，电弧要短，焊接速度一定要稍快，才不易产生咬边，上端采用连续熄弧法，填满弧坑，焊出优秀的焊缝。

4.4　埋弧焊

埋弧焊是以金属焊丝与母材之间所形成的电弧为热源，覆盖在电弧周围的颗粒状焊剂作为保护的一种高效、优质的电弧焊接方法。具有生产效率高、焊接质量稳定、劳动强度低、有害气体和烟尘少等优点，在造船、锅炉、压力容器、桥梁、起重机械及冶金机械制造等机械工业生产中得到广泛应用。埋弧焊主要接头形式见表 4-14。

表 4-14　埋弧焊接头形式

母　材	适用厚度 t/mm	主要接头形式
低碳钢、低合金钢	$3 \leqslant t \leqslant 150$	对接、T 形接、搭接、环缝、电铆焊、堆焊
不锈钢	$t \geqslant 3$	对接
其他钢种	$t \geqslant 4$	对接

4.4.1 埋弧焊原理

将电源正负极分别接在导电嘴和焊件上,焊丝通过导电嘴与焊件接触,在焊丝上部覆盖颗粒状焊剂,起动电源,电流经过导电嘴、焊丝、焊件后形成焊接回路。通过机械化装置自动完成电弧引燃、送进焊丝、电弧沿焊接方向移动等过程,如图4-27所示为埋弧焊焊接原理。

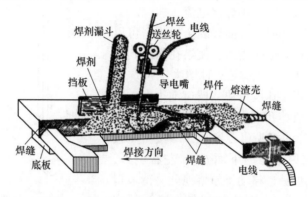

图4-27 埋弧焊焊接原理

埋弧焊时,由于焊接电弧是埋在颗粒状的焊剂层下燃烧,因此当焊丝和焊件之间引燃电弧后,电弧热使焊件、焊丝和焊剂局部熔化以致部分蒸发,在靠近熔池前沿处电弧的周围形成了一个气泡(通常称为弧腔),电弧在弧腔内稳定燃烧,弧腔下部是熔池液态金属,上部被一层熔化的焊剂(熔渣构成的渣膜)包围,随着焊接过程的进行,焊接电弧向前移动,电弧将熔化金属推向后方并逐渐冷却结晶形成焊缝。

埋弧焊过程主要分六步,具体如下:

1) 电弧引燃后,电弧热使焊剂熔化形成熔渣,一部分焊剂蒸发成气体排开熔渣形成气泡。
2) 焊丝被连续送入电弧并熔化,与熔化的母材相互熔合形成金属熔池。
3) 熔池上覆盖一层液态熔渣,熔渣外层是未熔化的焊剂,共同隔离周围空气保护熔池。
4) 电弧沿焊接方向移动,电弧力将熔池中液态金属排向后方。
5) 熔渣迟于液态金属凝固,因此熔池中的熔渣、气体可不断逸出,避免焊缝产生气孔、夹渣等缺陷。
6) 熔渣覆盖在焊缝表面,电弧连续移动,熔池前方金属被电弧热熔化,后方冷却凝固后形成焊缝。

4.4.2 埋弧焊装备

焊机主要由自动行走小车、控制箱和直流弧焊电源三大部分组成,相互间有电缆线和控制线连接。按照需求有不同的形式,如小车式、悬臂式、门架式、电磁爬行式等,应用最为广泛的是MZ-1000型小车式埋弧焊焊机(见图4-28)。

自动行走小车由机头、控制盒、焊丝盘、焊剂漏斗以及小车等组成。送丝机构由直流电动机驱动,通过直齿圆柱齿轮和蜗杆、蜗轮两级减速,带动送丝轮送给焊丝;焊丝的压紧程度通过调节螺母、弹簧,调节送丝轮和轴距实现;行走机构通过小车电动机驱动,前后行走;在车轮与第二级减速之间装有离合器,通过手柄操纵;控制盘上有焊接电流表、电弧电

a) 自动焊小车　　　　b) 控制箱和电源

图 4-28　埋弧焊装备

压表、电弧电压、焊接速度调节器以及各种控制开关、按钮等；机头可根据需要进行调节，可左右旋转 90°，向后斜倾最大角度为 45°。

埋弧焊的辅助设备有焊接操作机（焊机变位装置）、焊件变位装置和焊缝成形装置。焊机变位装置是将焊机机头准确送到待焊部位上，以给定速度移动焊机；焊件变位装置主要有滚轮架和翻转机，灵活准确地旋转、倾斜、翻转焊件，使待焊部位处于最佳位置，焊机变位装置和焊件变位装置配合使用可实现各种位置焊件的焊接；焊缝成形装置有焊剂衬垫、铜垫板、焊剂铜垫等多种类型。

4.4.3　埋弧焊材料及选配

埋弧焊焊接材料包括焊丝、焊剂。

焊丝为焊缝的填充金属，承担着电弧导电作用。埋弧焊时采用的焊丝有实芯焊丝和药芯焊丝，一般常使用实芯焊丝，特殊要求下使用药芯焊丝。埋弧焊时，应按照焊件的材质来选取与之匹配的焊丝，具体见表 4-15。

表 4-15　焊丝的选用

焊件材料	推荐焊丝	注意事项
碳素结构钢、低合金结构钢	低碳钢焊丝 H08、H08A 和含锰焊丝 H08Mn、H08MnA 以及 H10Mn2 等	焊丝 $w_C \leq 0.12\%$，否则会降低焊缝韧塑性，增加热裂纹产生倾向
合金钢或高合金钢	与母材成分相同（近）的焊丝	—

埋弧焊时，焊剂起着保护熔池与电弧、参与冶金反应以及改善焊接工艺性能三方面作用。因此，要求焊剂具有良好的稳弧作用、合适的熔点、低硫磷元素含量、适当的粒度以及适中的熔渣黏度，焊接过程中不析出有害气体等。按制造方法，焊剂分为熔炼焊剂和非熔炼焊剂两大类，具体如图 4-29 所示。

针对不同的焊丝应配备不同的焊剂，焊丝与焊剂合理地配对使用，方能使焊缝金属获得所要求的化学成分和力学性能。碳素结构钢和低合金结构钢埋弧焊时，应遵循焊缝金属与母材等强度匹配的原则，在焊接某些高强钢时可以采用焊缝强度稍低于母材强度的低匹配。具体埋弧焊丝与焊剂选用见表 4-16。

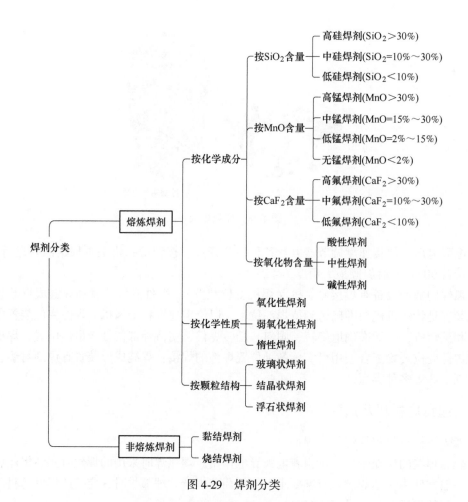

图 4-29 焊剂分类

表 4-16 埋弧焊焊丝与焊剂的选配

焊件材料	焊丝	相匹配的焊剂	备注
碳素结构钢和低合金结构钢	低碳素钢焊丝 H08A 或含锰焊丝 H08MnA	高锰高硅焊剂（HJ430、HJ431、HJ433）	依靠焊剂中的硅、锰还原反应向焊缝过渡硅、锰
	含锰焊丝 H08MnA、H08MnSi 等	高锰中硅焊剂（HJ330）	
	高锰焊丝 H10Mn2	高硅低锰焊剂（HJ230）或高硅无锰焊剂（HJ130）	依靠焊剂中硅还原反应向焊缝过渡硅，通过焊丝向焊缝过渡锰
强度较高的低合金结构钢	低合金结构钢焊丝	中锰中硅或低锰中硅焊剂（HJ350、HJ260、HJ250 等）	保证焊缝韧性
耐热钢、低温钢、耐蚀钢	相应合金钢焊丝	中硅或低硅型焊剂	大多数中硅焊剂属于弱氧化性焊剂，可获得韧性较高焊缝

4.4.4 埋弧焊焊接参数

埋弧焊焊接参数主要包括焊丝直径、焊接电流、电弧电压、焊接速度、焊丝干伸长度、焊剂粒度和堆高、焊丝倾角、电流种类和极性等，焊接参数对焊缝质量的影响见表4-17。

表 4-17 焊接参数对焊缝的影响

焊接参数	对焊缝的影响
焊丝直径	焊接电流一定时，焊丝直径减小，电流密度增加，熔深增大，焊缝形状系数减小
焊接电流	焊接速度一定时，焊接电流增大，生产率提高，熔合比与熔深增大；但电流过大则会造成烧穿和增大热影响区
电弧电压	1. 电弧电压增大，焊剂熔化量增加，熔深减小 2. 电弧电压过大，电弧不稳，严重时会产生气孔、咬边等缺陷
焊接速度	1. 焊接速度增大，母材熔合比减小 2. 焊接速度过大，容易造成咬边、未焊透、气孔等缺陷 3. 焊接速度过小，焊缝余高过大，形成大熔池满溢，易引起夹渣等缺陷
焊丝干伸长度	焊丝伸出长度增大，熔覆速度和焊缝余高增大
焊剂层厚度	1. 焊剂层厚度过小，电弧保护不良，易产生气孔和裂纹 2. 焊剂层厚度过大，焊缝形状变窄，焊缝形状系数减小
焊丝倾角	1. 单丝焊时，一般焊丝与焊件位置是垂直的 2. 焊丝前倾，可增大焊缝形状系数，常用于薄板（相当于下坡焊） 3. 焊丝后倾，熔深与焊缝余高增大，熔宽减小，焊缝成形不良（相当于上坡焊）
装配间隙与坡口大小	当其他参数不变时，组装间隙与坡口角度增大，熔合比与焊缝余高减小，熔深增大；但间隙过大，焊缝易焊穿；坡口过大，易造成坡口填不满

选择埋弧焊参数时，不仅要保证电弧稳定，而且应达到焊缝成形良好，接头性能满足设计要求，并要求焊缝质量高、同时要求达到较高的生产效率和较低的生产成本。在实际生产中，根据接头形式、焊接位置和焊件厚度等不同情况，进行焊接工艺评定和制定工艺流程，具体如下。

1）查阅以往类似产品的焊接参数作为参考。

2）模拟焊件进行试焊，要求试焊的试件材质、厚度、接头形式以及坡口形式与实际生产焊件相同，尺寸大小与焊件可不同，通过模拟工件接头形式进行试验焊接确定焊接参数。

3）也可根据焊工在实践中积累的经验通过试焊，确定最佳合理的焊接参数。

除此之外，还应在实际生产中进行验证，制定合理的焊接参数。

4.4.5 埋弧焊操作技术

埋弧焊多采用 MZ-1000 型埋弧焊机，焊接操作包括焊前准备、引弧、焊接、停机四个步骤。具体如下：

（1）焊前准备

1）自动焊接小车放在焊件的工作位置上，将焊接电源两极分别接在导电嘴和焊件上。

2）焊丝应去除表面油、污、锈等污物，将其有规则地盘绕在焊丝盘内；焊剂应干燥

（一般应在250℃下烘烤1~2h），并注意不让杂质混入，装入焊剂漏斗中备用。

3）闭合弧焊电源的闸刀开关和控制线路的总开关。

4）通过改变焊接小车电动机的电枢电压大小和极性来控制焊接小车。使焊接小车处于"空载"位置上设定焊接速度，根据小车在固定时间内行走的距离计算出小车行走速度。

5）将焊丝夹在送丝滚轮和从动压紧轮之间，通过弹簧机构调整夹紧力大小。向下输送焊丝，由矫直滚轮矫直，再经导电嘴，进入电弧区。按焊丝向下按钮，使焊丝对准焊缝并与焊件轻接触，通过升降机构调节手轮来调节导电嘴高低，保证焊丝有合适的干伸长度。

6）将开关指针旋转至"焊接"位置上。

7）按照焊接方向，将自动焊小车的换向开关指针转到向左/向右位置上。

8）按照预先选择的焊接参数进行调整，通过调节"电流调节"旋钮改变直流控制绕组中的电流大小来调节焊接电流。

9）将自动焊小车的离合器手柄向下扳，使主动轮与自动焊小车减速器相连接。

10）开启焊剂漏斗闸门，调好焊剂堆积高度（30~50mm），一般以在焊接时刚好看不见弧光，即红色熔化状态的熔渣为准，以免黏渣影响焊缝成形。

(2) 引弧　引弧方式有短路回抽引弧和缓慢送丝引弧两种。

1）短路回抽引弧时，引弧前使焊丝与工件轻微接触，按下"焊接"起焊。因焊丝与焊件短路接触，导致电弧电压为零，然后焊丝回抽，回抽同时短路电流烧化短路接触点，形成高温金属蒸汽，形成电弧。

2）缓慢送丝引弧则是在焊丝未与工件接触时就按下"焊接"引弧。此时，弧焊电源输出空载电压，焊接按钮需要持续按下，使送丝速度减小，形成缓慢送丝，当送丝至与焊件短路接触，焊丝回抽，形成电弧，完成引弧。

(3) 焊接　引弧后，焊丝向下不断送进同时自动焊小车开始匀速向前进行焊接。焊接过程中应注意以下事项。

1）操作者应留心观察焊接小车的行走情况，注意观察焊接方向不偏离焊缝中心位置。

2）控制焊接电流、电弧电压的稳定以及根据已焊的焊缝情况修正焊接参数，若网络电压过低，应立即暂停焊接工作，以免严重影响焊缝的熔透质量，待网络电压恢复正常后再进行工作。

3）随时注意观察焊缝的熔透程度及表面成形是否良好，若出现焊偏、焊缝成形不良等情况，应及时调节参数挽救，减少损失。熔透程度通过焊件背面电弧燃烧处红热程度判断，表面成形通过焊好的焊缝清除焊渣后观察。

4）注意焊剂漏斗中的焊剂量，必要时进行添加。

(4) 停机　按照以下顺序停止焊机工作。

1）关闭焊剂漏斗阀门。

2）分两步按"停止"按钮，先轻按（手按下一半不要松开），停止送进焊丝，电弧仍在燃烧，接着将焊接小车的手柄向下扳，使其停止前进，此过程中电弧慢慢拉长直至熄灭，弧坑逐渐填满，然后在电弧熄灭后将按钮按到底，切断电源，停止工作；若直接将"停止"按钮按到底停止电动机工作，会产生焊缝终端熔池未填满（弧坑）的现象，甚至产生弧坑裂纹，还可造成焊丝黏在焊件上。

3）扳下自动焊小车手柄，推动焊接小车到其他指定存放位置；同时回收未熔化的焊剂供下次使用（注意不能混入熔渣），清除焊渣，检查焊缝质量。

4.5 搅拌摩擦焊

搅拌摩擦焊是1991年英国焊接研究所发明的新型固态塑化焊接技术，利用间接摩擦热实现板材的连接。搅拌摩擦焊在材料的熔点以下进行，焊接加热温度低，使得焊接接头软化程度得以减轻，可以有效避免熔化焊所产生的气孔、裂纹、变形和氧化等问题，使性能得到改善。

4.5.1 搅拌摩擦焊原理

搅拌摩擦焊的焊接热源是摩擦热与塑性变形热，原理如图4-30所示。将焊件刚性固定在背垫上，利用带有特殊形状的硬质搅拌针的搅拌头旋转插入被焊接头，与被焊金属摩擦生热，搅拌头一边高速旋转，一边沿着焊接方向前进，通过搅拌摩擦，结合搅拌头旋转压力的挤压作用，使接头金属达到塑性状态并沿搅拌头移动方向从前进侧流向搅拌头的后部，冷却后形成焊缝，在热－机联合作用下形成金属间结合，完成材料连接。

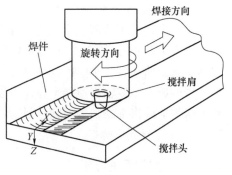

图4-30 搅拌摩擦焊原理

4.5.2 搅拌摩擦焊设备

目前搅拌摩擦焊的设备均为数控设备，主要分为台式、龙门式等类型，包括主轴电动机、$X/Y/Z$轴伺服电动机、手持单元、联轴器、焊接主轴、减速器、$X/Y/Z$滚珠丝杠、数控系统、搅拌头、T型台、冷却系统、机体、壳体与电气元器件等零部件。

搅拌摩擦焊设备器件与传统数控机床器件类似，主要区别在于主轴电动机和搅拌头。

搅拌摩擦焊的主轴电动机需要承受较大的主轴顶锻力，因此电动机轴向负载较大，高速电主轴提供搅拌头旋转摩擦动力。

搅拌头为搅拌摩擦焊的核心，对搅拌头的加工精度、热处理工艺、表面涂层技术要求较高。搅拌头的材料决定了摩擦加热的速度和搅拌头的强度，直接影响着焊件材料是否可用搅拌摩擦焊进行焊接，通常采用硬度远远高于被焊材料的材质制成搅拌头，以减小焊接过程中搅拌头的磨损。

搅拌头分为两部分，一是带有特殊形状的搅拌针，二是轴肩。一般采用良好耐高温性能的抗磨损材料制造特殊形状的搅拌针，其形状决定塑化焊缝金属受热、塑性流动以及被顶锻的方式，一般要求搅拌针长度等于板厚，轴肩直径大于搅拌针直径，实际上搅拌针长度略短于母材板厚。搅拌摩擦焊的接头焊缝最大宽度取决于搅拌针肩部直径大小，搅拌头轴肩不仅可以保证搅拌针插入焊缝深度，而且与被焊材料表面紧密接触以防止塑性状态的母材表面金属排出造成损失，还与母材表面摩擦生热，提供部分搅拌摩擦热的作用。

近年来，随着技术的发展，在传统搅拌头的基础上又衍生出了静轴肩搅拌头、双轴肩搅拌头等新型搅拌头，以适应不同的焊接需要。

传统搅拌头的搅拌针与轴肩为一体结构，焊接过程中搅拌针与轴肩一同旋转；静轴肩搅拌头的搅拌针与轴肩为分体结构，在焊接过程中仅搅拌针旋转，轴肩不旋转。静轴肩搅拌头焊接表面光滑无明显下压量，可实现无减薄量的焊接，降低焊脚应力集中。此外，焊缝表面成形美观，无鱼鳞纹状、无飞边，比较适合对外观要求较高的产品焊接。

双轴肩搅拌摩擦焊采用具有上、下轴肩的自支撑搅拌头，两个轴肩通过与焊件厚度相当的搅拌针连接，焊接过程中上下轴肩与搅拌针共同旋转并与被焊材料相互作用实现焊接，原理如图 4-31 所示。在双轴肩搅拌工具中，由一个共用的搅拌针连接上下两个轴肩，每个轴肩分别与焊件的两个表面接触，下轴肩代替了背部的刚性支撑垫板。这一改进大大降低了焊接过程中的顶锻压力，

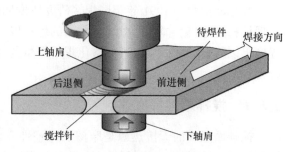

图 4-31　双轴肩搅拌摩擦焊原理

提高了诸如曲线、狭小空腔及筒体等复杂结构件搅拌摩擦焊的可操作性，同时节省了制造刚性装置的成本。双轴肩搅拌摩擦焊可以同时对工件的上表面和下表面进行焊接，从根本上消除了未焊透或根部缺陷等问题。目前，国外已经将该技术应用于工程生产领域，可成功完成 2~30mm 厚材料的焊接。

4.5.3　搅拌摩擦焊编程

当前全球工业体系内，数控机床以数控系统作为机床控制核心，配备必要辅助器件或电路实现完整控制，程序编制是一项能有效利用数控机床的重要工作。将编好的加工程序输入数控装置，数控装置自动将输入信息进行运算处理转换为驱动伺服机构的指令信号，接着伺服机构控制机床完成相应动作。

数控编程时，了解数控编程的基本知识（坐标系的确定、基本数控指令、指令格式等），然后必须对加工零件的工艺过程、工艺参数、位移数据等以规定的代码、程序格式写出，最后加载程序通过加工模拟、试切加工等来验证程序的正确性、合理性。

数控加工路线的总原则是在保证零件加工精度和表面质量的条件下，尽量缩短加工路线，提高生产率。在搅拌摩擦焊中，搅拌头相对于待焊件运动轨迹和方向称为焊接加工路线，包括有搅拌头引入、返回等空行程以及焊接过程。

在搅拌摩擦焊焊接试验的编程上，利用 Autodesk Auto CAD 工程制图软件对搅拌工具形貌进行绘制，然后将图形文件导入 Autodesk Art CAM 加工刀路制作软件进行实体编辑并生成焊机控制系统所能识别的 G 代码加工刀路文本，根据需求加工出理想的搅拌工具进行焊接试验。

1. 坐标系的确定

以机床原点为坐标原点建立起来的三维直角坐标系称为机床坐标系，一般是在机床出厂前已经调整好的固有的坐标系，在机床每次通电工作之前，必须进行回机床零点操作。以工件原点为坐标原点建立的 X、Y、Z 轴直角坐标系称为工件坐标系，工件原点是用来确定工件几何形体上各要素位置，是人为选定的。数控编程时，要先在工件装夹完毕后通过对刀确定编程原点，确定工件坐标系。

第4章 焊接方法

2. 手动试切对刀

在编制程序时，正确选择对刀点位置，确定刀具在工件坐标系下开始运动的位置，设置原则是便于数值处理、简化程序编制、易于找正并在加工过程便于检查且引起的加工误差小，实际操作时可以通过手动操作刀具将其刀位点放到对刀点上。具体步骤如下：先采用 ZERO（回参考点）方式进行回参考点的操作，建立机床坐标系，此时 CRT 上将显示对刀参考点在机床坐标系中的当前位置坐标值；然后手工试切对刀，按设置编程零点键，CRT 上显示 X_0、Y_0、Z_0 完成编程零点设置；再建立工件坐标系，刀位点当前位置在编程零点（工件原点）上。

待焊工件被装夹在工作台上固定后，通过确定工件原点来确定工件坐标系，程序中的运动轴代码控制搅拌头作相对位移，例如程序段 N0002 G90 G00 X100 Z20 表示搅拌头快速移动到工件坐标下 $X=100\mathrm{mm}$，$Z=20\mathrm{mm}$ 处。

3. 切削用量

数控编程时，还需确定切削用量，即确定相互适应的主轴转速、背吃刀量以及进给速度等，以指令形式写入程序中。

4. G 代码编程

G 代码编写程序，按规定的指令代码和程序段格式编写，见表 4-18。

表 4-18 G 代码功能简述

代码	功 能	代码	功 能	代码	功 能
G00	快速定位	G01	直线插补	G02	顺时针方向圆弧插补
G03	逆时针方向圆弧插补	G04	定时暂停	G05	中间点圆弧插补
G06	抛物线插补	G07	Z 样条曲线插补	G08	进给加速
G09	进给减速	G10	数据设置	G16	极坐标编程
G17	加工 XY 平面	G18	加工 XZ 平面	G19	加工 YZ 平面
G20	英制尺寸	G21	公制尺寸	G22	半径尺寸编程方式
G220	系统操作界面上使用	G23	直径尺寸编程方式	G230	系统操作界面上使用
G24	子程序结束	G25	跳转加工	G26	循环加工
G30	倍率注销	G31	倍率定义	G32	等螺距螺纹切削 – 英制
G33	等螺距螺纹切削 – 公制	G34	增螺距螺纹切削	G35	减螺距螺纹切削
G40	刀具补偿/刀具偏置注销	G41	刀具补偿 – 左	G42	刀具补偿 – 右
G43	刀具偏置 – / +	G44	刀具偏置 – / –	G45	刀具偏置 + / +
G46	刀具偏置 + / –	G47	刀具偏置 – / –	G48	刀具偏置 – / +
G49	刀具偏置 0/ +	G50	刀具偏置 0/ –	G51	刀具偏置 + /0
G52	刀具偏置 – /0	G53	直线偏移，注销	G54	设定工件坐标
G55	设定工件坐标二	G56	设定工件坐标三	G57	设定工件坐标四
G58	设定工件坐标五	G59	设定工件坐标六	G60	准确路径方式（精）
G61	准确路径方式（中）	G62	准确路径方式（粗）	G63	攻螺纹
G68	刀具偏置，内角	G69	刀具偏置，外角	G70	英制尺寸，寸
G71	公制尺寸，mm	G74	回参考点	G75	返回编程坐标零点
G76	车螺纹复合循环	G80	固定循环注销	G81	外圆固定循环
G331	螺纹固定循环	G90	绝对尺寸	G91	相对尺寸
G92	预制坐标	G93	时间倒数，进给率	G94	每分钟进给的进给率
G95	每转进给的进给率	G96	恒线速度控制	G97	取消恒线速度控制

4.5.4 搅拌摩擦焊操作

搅拌摩擦焊操作步骤如下。

1) 打开电闸。
2) 按下遥控器上的紧急停止按钮。
3) 打开控制柜上电源开关,电源正常情况下是三个灯都亮,否则关闭电源开关检查并修复问题。
4) 启动操纵台上的电源开关,电源指示灯亮,给控制柜送电。
5) 按控制柜上手动按钮,出现红色条框,正常情况下应无向下的白色箭头,否则查看错误状况。
6) 打开遥控器上红色按钮,主轴电动机通电,工作指示灯亮。
7) 进入程序编写。
8) 通过遥控器进行搅拌头的位置调整。
9) 准备就绪进行焊接,焊接结束后首先按下遥控器的红色按钮,然后依次关闭计算机、关闭操纵台电源开关、关闭控制柜上电源开关、关闭电闸。

4.5.5 搅拌摩擦焊质量要求

缺欠质量等级应符合 ISO 25239-5:2020 的相关要求,见表 4-19。

表 4-19 与焊缝质量等级相关的搅拌摩擦焊的质量要求

ISO 25239-5:2020 规定的缺欠名称 (GB/T 6417.1—2005 中定义的编号)	焊缝质量等级
根部未焊透	不允许
下塌 (504)	$h \leqslant 3mm$
飞边、焊缝宽度不齐 (513)、表面不规则 (514)、界面畸变	允许等级应限制在相关规定或设计规程中
错边 (507)	$h \leqslant 0.2t$ 或 2mm,以较小者为准
未填满	当 $t \geqslant 2mm$:$h \leqslant 0.2mm + 0.1t$;当 $t < 2mm$:$h \leqslant 0.15t$
孔穴 (200)	$d \leqslant 0.2s$ 或 4mm,以较小者为准

4.6 激光焊

激光焊是利用高功率(能量)密度的激光束作为热源进行焊接的一种高效精密的焊接方法,以高能量密度、深穿透、高精度、适应性强等优点被关注,主要应用于航天航空、电子、汽车制造、核动力、轨道交通等高新技术领域。

4.6.1 激光产生的基本原理

激光是利用受激辐射实现光的放大原理而产生的一种单色、方向性强、光亮度大的光束。激光经过聚焦后可获得直径小于 0.01mm、功率密度高达 $10^{12}\mathrm{W/m^2}$ 的能量束作为焊接热源，激光束内所有的光子频率相同、相位一致、偏振与传播方向一致。

光的产生与光源内部的原子运动状态相关，原子运动状态改变，其内能会有相应变化。原子系统处于一系列不连续的能量状态，原子处于能量不变的稳定状态称为原子定态。基态原子（处于原子能量最低状态的原子）要产生辐射作用，必须经历激发过程，即将基态原子跃迁到高能级，原子由低能级跃迁到高能级其内能发生了变化，必须要给原子一定能量（通过碰撞、加热等方式）使其激发。

对于激发态的原子，较高的内能使之处于不稳定状态，因此总是试图通过辐射跃迁回原来较低能级上。高能级向低能级的跃迁有两种形式：一是自发跃迁，即在完全没有外界作用下进行的，在自发跃迁时，能量以热能释放的方式称为无辐射跃迁，以光的形式辐射出来称为自发辐射跃迁。二是感应跃迁，即处于激发态的原子受外界辐射（光子）感应，使得激发态原子跃迁到低能态，同时辐射出与外来光子同频率、同相位、同方向、同偏振态的光子，受激辐射是激光产生的主要物理基础。

激光器的发光主要是原子的受激辐射，为了使原子体系中受激辐射占主导地位而持续发射激光，应设法改变原子系统处于热平衡时的分布，使处于高能级的原子数目持续超过处于低能级的原子数目，因此必须从外界向系统内输入能量，使尽可能多的粒子吸收能量被激励（光激励、电激励、化学激励等），以实现粒子反转。

在受激跃迁中，如果一个入射光子引发受激辐射而增加一个受激态光子，这两个光子继续引发受激辐射又会增添两个光子，之后四个光子增值为八个……因此，光子数量增倍下去，原子系统可能获得大量状态特征完全相同的光子，在谐振腔中来回反射，呈光放大现象，受激辐射引起光放大正是激光生产机理中的重要基本概念。

谐振腔是由两块与工作介质轴线垂直的平面或凹球面反射镜构成。其中一块对光束是全反射的，另一块是部分透过的反射镜，光束在谐振腔来回反射加强激励并多次经过工作物质形成振荡，发生受激辐射，使光放大，在装有部分透过反射镜一端输出为激光束。

综上所述，形成激光的基本条件如下。

1）工作物质在激励源的激励下能够实现粒子数反转。
2）光学谐振腔能使受激辐射不断放大，满足增益大于耗损的阈值条件。
3）满足以下两个公式的频率条件：

$$v = k\frac{c}{2nL} \tag{4-1}$$

式中，$k = 1, 2, 3\cdots$；c 为光速，单位为 m/s；n 为整数；L 为光传播的有效长度，单位为 μm。

$$v = \frac{E_2 - E_1}{h} \tag{4-2}$$

式中，h 为普朗克常数；E 为能量，单位为 kJ。

4.6.2 激光焊接的安全与防护

激光强度高，能与身体组织产生剧烈的光化学、光热、光波电磁场等交互作用，激光焊不仅具有常规焊接的危险性和有害性，而且其特有的激光辐射对操作者也有严重的危害性，因此，在进行激光焊接时，应注意安全防护，对操作人员进行安全培训。

1. 激光辐射的危害

激光焊时，激光辐射的危害如下。

1）激光的强度很高，人眼易受光束伤害，烧伤视网膜引起视力下降甚至导致视力丧失；建议不要用眼睛直视激光，焊接操作时应佩戴激光焊接专业防护眼镜。

2）脉冲激光的能量密度约每平方厘米数焦耳时，皮肤可能遭到严重损伤；可见光波段（400～700nm）和红外波段激发的辐射会使皮肤出现红斑进而发展为水泡，极短脉冲、高峰功率激光辐射会使皮肤表面碳化。

3）激光装置的激光出口或机壳缝隙处产生的电磁辐射，如紫外线或X射线，可能引起伤害。

4）激光器与高压电等相连，存在高压电击危险。

5）当电线短路、超载或电路旁器材不耐高温等情况出现，容易造成失火。

6）激光器中的电容器、变压器等电路组件有可能爆裂，造成短路、击伤、失火等危害。

7）激光器所用的低温冷剂或压缩气体可能会因容器不安全或放置不当造成危险。

8）激光束与焊件相互作用（焊接）时产生的有毒气体或粉尘，对人体有害。

2. 激光辐射的预防措施

对激光辐射危害的预防措施，具体如下。

1）激光设备及作业点应安放在专用房间，设立安全警示标识，设备与房间表面应无光泽，涂敷吸收体应防反射，房间应妥善屏蔽。

2）在激光加工设备上设置激光安全标志，且永久固定。

3）激光器应装配防护罩，以防人员接受照射量超过标准，最有效措施是将激光系统置于不透光的罩子中。

4）工作场所所有光路应密封，尽量使激光光路明显高于人体。

5）激光器工作电源为高压设备，应设置护栏和安全标志，以防电击。

6）定期检查激光器中的电路组件，并对相关组件进行必要的更换，避免过度使用而爆裂。

7）设备必须有可靠的接地或接零装置，做到良好绝缘，不可超载使用。

8）对低温冷剂或压缩气体容器定期检测，安全放置。

9）激发激光的强闪光灯等应有坚固的防护罩，防止受撞击而爆裂，并应防止摔落。

3. 个人防护安全

操作人员应做好个人安全防护，具体如下。

1）作业前显示指示灯，操作者应做好防护。

2）双人作业，一人操作，一人监护。

3）激光器运行中，任何时候不得直视光束。

4）若作业过程中发现异常（如眼睛视物异常），应立即到相关部门检查就医。

5）一定要加强个人防护，即便激光加工系统被安全封闭，也存在接触激光的可能，个人防护物品包括激光防护眼镜、激光防护面罩、激光防护手套、激光防护服等。

4.6.3 激光焊设备

激光焊设备主要包括激光器、光束传输和聚焦系统、气源、喷嘴、焊接机、工作台、操作盘、电源和控制系统等,其核心是激光器。

按照激光工作物质不同,激光焊接设备分为YAG固体激光焊设备和CO_2气体激光焊设备;按激光器工作方式不同,分为连续激光焊设备和脉冲激光焊设备。

激光器是激光设备的核心部分,提供所需光能,焊接用激光器的特点见表4-20。

表4-20 焊接用激光器的特点

激光器	波长/μm	工作方式	重复频率/Hz	输出功率或能量范围	主要用途
红宝石激光器	0.69	脉冲	0~1	1~100J	点焊、打孔
钕玻璃激光器	1.06	脉冲	0~0.1	1~100J	点焊、打孔
YAG激光器	1.06	脉冲 连续	0~400	1~100J 0~2kW	点焊、打孔 焊接、切割、表面处理
封闭式CO_2激光器	10.6	连续	—	0~1kW	焊接、切割、表面处理
横流式CO_2激光器	10.6	连续	—	0~25kW	焊接、表面处理
高速轴流式CO_2激光器	10.6	连续 脉冲	0~5000	0~6kW	焊接、切割

光束传输处理和聚焦系统又称为外部光学系统,由圆偏振镜、扩束镜、反射镜或光纤、聚焦镜等组成,用于将激光束传输并聚焦在工件上。在焊接过程中,激光功率低于2kW时,常采用聚焦透镜,聚焦透镜主要材料是ZnSe,传输和聚焦性能良好且价格便宜,但易受烟雾、金属飞溅污染;激光功率高于2kW进行焊接时宜采用反射焦聚镜,对激光具有高反射作用。聚焦镜的焦距影响着聚焦效果和焊接质量,一般为127~200mm,减小焦距可获得小聚焦光斑和高功率密度,但焦距不宜过小,否则聚焦镜易受污染和损失,从而降低到达工件的功率密度。

保护气体在大多数激光焊接过程中都是通过特殊喷嘴输送到激光辐射区域,目前CO_2激光器大多采用60%:33%:7%的$He:N_2:CO_2$混合气体作为保护气体介质。

喷嘴一般设计成与激光束同轴放置,典型喷嘴孔径为4~8mm,喷嘴到工件距离为3~10mm。

激光焊接机包括工作台和控制系统,用于实现激光束与工件之间的相对运动,完成激光焊接,激光焊接机分为焊接专机和通用焊接机两种。

为保证激光器稳定运行,均采用响应快、恒稳定性高的固态电子控制电源。

4.6.4 激光焊接的分类

根据激光对工件的作用方式和激光器输出能量的不同,激光焊接可分为连续激光焊和脉

冲激光焊。顾名思义，连续激光焊在焊接过程中会形成一条连续的焊缝，激光脉冲焊的能量输入是断续的、脉冲的，故在焊接过程中每个激光脉冲形成一个圆形焊点。

按激光聚焦后光斑作用在工件上功率密度的不同，激光焊一般分为热导焊和深熔焊。

在较低激光功率密度和长时间激光照射下，材料表面吸收激光能量，从表面开始逐渐熔化，通过热传导方式向内部传递并熔化焊件，凝固后形成焊点或焊缝的焊接方法为激光导热焊。激光导热焊一般激光功率密度小于 $10^5 \mathrm{W/cm^2}$，焊接熔深浅、焊点小、热影响区小，因此焊接变形小、精度高、质量好，主要用于仪器仪表、小工件的精密焊接加工。

而激光深熔焊则是高功率密度激光束引起材料局部熔化形成小孔，通过小孔激光束深入到熔池内部，随着激光束的运动而形成连续焊缝。一般激光功率密度大于 $10^6 \mathrm{W/cm^2}$，光斑功率密度很大时，产生的小孔将贯穿整个板厚，形成深穿透焊缝（或焊点），焊缝深宽比较大。

4.6.5 激光焊的编程及操作

1. 激光焊的编程

激光焊的编程方法如下。

1）点击"示教编程"。

2）把加工模式选为"连续焊接"，运动模式选为"直线运动"。

3）将轮子手动摇到焊接开始位置，点击"直线起点"，再点击"下压气缸"和"夹紧气缸"，再把轮子手动摇到需焊接的终点，点击"直线终点"。

4）输入正确的行列数据，比如（8行1列，行距132列距1950）点击"确定"后会自动生成 G 代码。

5）最后点击"保存 G 代码"命名并保存即可。

2. 激光焊设备操作

激光焊设备操作步骤如下。

1）检查电源，确保输入电源电压符合要求，接入线应牢固接地。

2）新机器应先注入电阻率大于 $0.5\mathrm{M\Omega/cm^2}$ 去离子的冷水（水温 10~35℃），将冷却用水加入冷却系统水箱中的水位线内，盖上盖子。

3）打开电源总开关，打开冷水机电源开关，起动冷水机并显示水箱温度。

4）顺时针旋转 90°打开钥匙开关 POWER。

5）隔 5~10s 后按绿色 STARTUP 按钮，机箱中继电器动作，液晶屏显示。

6）液晶屏左上角显示"开机 OPEN"，按 OK 键，系统自动检测冷水机的水流开关，水流正常则转入正在开机充电状态，若冷水机未开机则无法正常开机，且显示屏显示"水压"报警。

7）点燃激光灯时间约 1.5min，点灯动作即将完成时可听见机箱继电器闭合声音，蜂鸣器嘀的一声表明激光灯点燃，当屏幕左上角"开机 OPEN"选择转换为"关机 CLOSE"时，则表明机床已经正常起动。

8）设定所需焊接参数，打开保护气瓶阀门，通过出气调节旋钮自行调节出气量，达到既能保护焊接位置不被氧化又能节省用气的目的。

9）将焊件固定好，放入焊接舱，调节灯光和吹气嘴位置使之对准焊接点。

10）开始焊接作业，完成后取出样品。

按动 Select 键，选择"关机 CLOSE"，按 OK 键，机箱内继电器断开，液晶屏显示转换为"开机 OPEN"，约隔 10s 工作照明自动熄灯，不可直接按急停按钮或直接逆时针旋转钥匙开关，也不可以在短时间内连续开关机，需间隔 5min 以上。

逆时针旋转钥匙开关，液晶屏熄灭。

关闭总开关电源，关闭保护气瓶的总阀门，冷水机可以一直处于打开状态。

4.7 电阻焊

电阻焊是一种主要的压焊方法，在工业生产中占有重要的位置。本节重点阐述电阻焊的原理、分类及特点，并对电阻焊焊接方法进行了简单介绍。

4.7.1 电阻焊的原理

电阻焊是焊件组合后通过电极施加压力，利用电流通过接头的接触面及邻近区域产生的电阻热进行焊接的方法。电阻焊时，产生电阻热的电阻有焊件之间的接触电阻、电极与焊件的接触电阻和焊件本身电阻三部分，点焊时电阻的分布如图 4-32 所示。

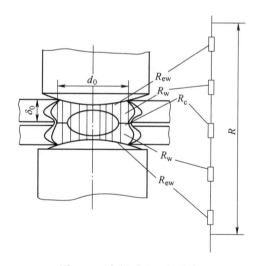

图 4-32　点焊时电阻的分布

产生电阻热的电阻用公式表示为：

$$R = 2R_{ew} + R_c + 2R_w \tag{4-3}$$

式中，R_{ew} 为电极与焊件的接触电阻（Ω）；R_c 为焊件之间的接触电阻（Ω）；R_w 为焊件本身电阻（Ω）。

焊件之间的接触电阻 R_c 的大小与电极压力、材料性质、温度及焊件表面状况有关。任何能够增大实际接触面积的因素都会减小接触电阻，如增大电极压力，降低材料强度，提高焊件温度等。焊件表面存在着氧化膜和其他污物时，则会显著增大接触电阻。焊件尺寸一定时，焊件本身电阻 R_w 取决于其电阻率。电阻率低的材料（如铜、铝等），R_w 小，应选用较大的电流焊接；电阻率大的材料（如不锈钢等），R_w 大，可选用较小的焊接电流。

若电极与焊件的接触较好，它们之间的接触电阻较小，一般可忽略不计。

4.7.2 电阻焊的特点

1）由于是内部热源，热量集中，加热时间短，在焊点形成过程中始终被塑性环包围，故电阻焊冶金过程简单，热影响区小，变形小，易于获得质量较高的焊接接头。

2）电阻焊焊接速度快，特别对点焊来说，甚至1s可焊接4～5个焊点，故生产效率高。

3）除消耗电能外，电阻焊不需消耗焊条、焊丝、乙炔、焊剂等，可节省材料，因此成本较低。

4）操作简便，易于实现机械化、自动化。

5）改善劳动条件，电阻焊所产生的烟尘、有害气体少。

6）由于焊接在短时间内完成，需要用大电流及高电极压力，因此焊机容量大，设备成本较高，维修较困难，且常用的大功率单相交流焊机不利于电网的正常运行。

7）电阻焊的焊机大多工作固定，不如焊条电弧焊等灵活、方便。

8）点焊、缝焊的搭接接头不仅增大了构件的质量，而且因为在两板间熔核周围形成尖角，致使接头的抗拉强度和疲劳强度降低。

9）目前尚缺乏简单而又可靠的无损检测方法，焊接质量只能靠试件和焊件的破坏性试验来检查，以及靠各种监控技术来保证。

4.7.3 电阻焊的分类及应用

电阻焊的分类方法很多，可根据接头形式、工艺特点以及电流种类来划分，目前常用的电阻焊方法主要有点焊、缝焊、对焊和凸焊，如图4-33所示。

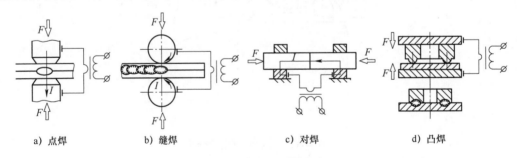

a) 点焊　　　　b) 缝焊　　　　c) 对焊　　　　d) 凸焊

图 4-33　常用电阻焊方法

1. 点焊

点焊时，将焊件搭接装配后，在两圆柱形电极间压紧，并通以预先设定的电流，利用两焊件接触电阻，产生的热量，迅速将焊件接触处加热到熔化状态，形成似透镜状的液态熔池（焊核），当液态金属达到设定值时断电，在压力的作用下冷却凝固形成焊点。

点焊时，按对焊件供电的方向不同，可分为单向点焊和双向点焊；按一次形成的焊点数，可分为单点点焊、双点点焊、多点点焊；按加压传动机构不同，可分为气压式、液压式、电动凸轮式、复合式及脚踏式等；按安装方式不同，可分为手提式、悬挂式、固定式等。

点焊主要适用于搭接接头不要求气密性、焊接厚度小于3mm的冲压、轧制的薄板结构。点焊可焊材料有低碳钢、低合金钢、不锈钢、铝合金及钛合金等。

2. 缝焊

缝焊与点焊相似，也是搭接接头形式。在缝焊时，以旋转的滚盘代替点焊时的圆柱形电极。焊件在旋转盘的带动下向前移动，电流断续或连续地从滚盘流过焊件时，即形成缝焊焊缝。因此，缝焊的焊缝实质上是由许多彼此相重叠的焊点组成。

由于缝焊的焊点重叠，故分流很大，因此焊件不能太厚，一般≤2mm。缝焊常用于要求密封的薄壁容器，如油箱等的焊接。

3. 对焊

对焊是将工件装配成对接接头，使其端面紧密接触，利用电阻热加热至塑性状态，然后迅速施加顶锻力从而完成焊接的方法。对焊均为对接接头，按加压和通电方式不同分为电阻对焊和闪光对焊。

（1）电阻对焊　电阻对焊时，将焊件置于钳口（即电极）中夹紧，并使两端面压紧，然后通电加热，当零件端面及附近金属加热到一定温度（塑性状态）时，突然增大压力进行顶锻，使两个零件在固态下形成牢固的对接接头。

电阻对焊的接头较光滑，无毛刺，焊接过程较简单，但其力学性能较低，因此仅用于小断面（<250mm^2）金属型材的焊接，如管道、拉杆、小链环等。由于接头中易产生氧化物杂质，对某些合金钢及有色金属的焊接常在氩、氦等保护气氛中进行。

（2）闪光对焊　闪光对焊是对焊的主要形式，在生产中应用十分广泛。闪光对焊时，将焊件置于钳口中夹紧后，先接通电源，然后移动可动夹头，使焊件缓慢靠拢接触，因端面个别点的接触而形成火花，加热到一定程度（端面有熔化层，并沿长度有一定塑性区）后，突然加速送进焊件，并进行顶锻，这时熔化金属被全部挤出接合面之外，而靠大量塑性变形形成牢固接头。

用这种方法所焊接的接头因加热区窄，端面加热均匀，接头质量较高，生产效率也高，故常用于重要的受力对接件。闪光对焊的可焊材料很广泛，所有钢及有色金属几乎都可以进行闪光对焊，通常对焊件的横截面积小则几百平方毫米，大则达数万平方毫米。

4. 凸焊

凸焊是点焊的一种变形，是在一工件的贴合面上预先加工出一个或多个凸起点，使其与另一工件表面相接触并通电加热，然后压塌，使这些接触点形成焊点的电阻焊方法。凸焊时，一次可在接头处形成一个或多个熔核。凸焊的种类很多，除了板件凸焊外，还有螺母和螺钉类零件凸焊、线材交叉凸焊、管子凸焊和板材T形凸焊等。

凸焊主要用于焊接低碳钢和低合金钢的冲压件。板件凸焊最适宜的厚度为0.5~4mm。焊接更薄件时，凸点设计要求严格，需要随动性极好的焊机，因此厚度小于0.25mm的板件更宜于采用凸焊。

第 5 章

轨道交通装备常用金属材料及其焊接方法

碳素钢及低合金钢、不锈钢、铝合金是目前焊接结构常用的金属材料,广泛应用于铁路客车、铁路货车、铁路机车、高速动车组、城轨车辆等车体及转向架的焊接。了解并熟悉金属材料的相关焊接知识,有助于焊工了解焊接材料和焊接工艺,更好地完成焊接工作。

5.1 碳素钢及其焊接方法

碳素钢是以铁元素为基本成分,含有少量碳的铁碳合金,$w_C \leqslant 1.3\%$。碳素钢中除碳元素外,还含有少量的 Mn、Si、S、P 元素,是钢结构中用量较大、应用广泛的一类钢材。

了解并熟悉碳素钢材料的种类及成分,能更好地掌握其焊接性能,有助于焊工在焊接操作时合理地选用焊接材料和焊接工艺,更好地完成碳素钢的焊接。

5.1.1 碳素钢的种类、标准及性能

1. 碳素钢的种类

按照含碳量的不同,碳素钢分为低碳钢($w_C \leqslant 0.25\%$)、中碳钢($w_C = 0.3\% \sim 0.6\%$)、高碳钢($w_C > 0.6\%$)。由于中碳钢、高碳钢焊接性较差,轨道交通用的碳素钢材料绝大部分为低碳钢,还包括与焊接密切相关的焊接碳素铸钢,主要用于车体、转向架构架及其零部件的制造。轨道交通常用碳素钢的牌号、化学成分及质量等级见表 5-1,常用于焊接的碳素铸钢化学成分见表 5-2。

表 5-1 轨道交通常用于焊接的碳素钢的牌号、化学成分及质量等级

牌号	等级	厚度 /mm	化学成分(质量分数,%)				
			C	Si	Mn	P	S
Q195	—	—	≤0.12	≤0.30	≤0.50	≤0.035	≤0.040
Q215	A	—	≤0.15	≤0.35	≤1.20	≤0.045	≤0.050
	B						≤0.045
Q235	A	—	≤0.22	≤0.35	≤1.40	≤0.045	≤0.050
	B		≤0.20			≤0.045	≤0.045
	C		≤0.17			≤0.040	≤0.040
	D					≤0.035	≤0.035

(续)

牌号	等级	厚度/mm	化学成分（质量分数,%）				
			C	Si	Mn	P	S
Q275	A	—	≤0.24	≤0.35	≤1.50	≤0.045	≤0.050
	B		≤0.21			≤0.045	≤0.045
			≤0.22				
	C		≤0.20			≤0.040	≤0.040
	D		≤0.20			≤0.035	≤0.035

表 5-2 轨道交通常用于焊接的碳素铸钢化学成分（质量分数） （%）

牌号	C	Si	Mn	S	P	Ni	Cr	Mo
ZG200-400H	≤0.20	≤0.60	≤0.80	≤0.25	≤0.25	≤0.40	≤0.35	≤0.15
ZG230-450H	≤0.20	≤0.60	≤1.20	≤0.25	≤0.25	≤0.40	≤0.35	≤0.15
ZG270-480H	0.17~0.25	≤0.60	0.8~1.20	≤0.25	≤0.25	≤0.40	≤0.35	≤0.15
ZG300-500H	0.17~0.25	≤0.60	1.0~1.6	≤0.25	≤0.25	≤0.40	≤0.35	≤0.15

2. 碳素钢焊接的相关标准

目前轨道交通装备制造行业常用碳素钢焊接涉及的标准主要有接头设计类、工艺类、材料类等几大类，具体见表 5-3。

表 5-3 轨道交通常用碳素钢焊接涉及的标准

类别	标准号	标准名称
接头设计类	GB/T 985.1—2008	气焊、焊条电弧焊、气体保护焊和高能束焊的推荐坡口
	GB/T 985.2—2008	埋弧焊的推荐坡口
	EN 15085-3：2007	轨道交通 铁路车辆及其零部件焊接—第3部分—设计要求
工艺类	ISO 15609：2004	金属材料焊接工艺规程及评定 焊接工艺规程
	ISO 15614：2017	金属材料焊接工艺规程与评定 焊接工艺试验
材料类	GB/T 700—2006	碳素结构钢
	GB/T 699—2015	优质碳素结构钢
	GB/T 7659—2010	焊接结构用铸钢件
	TB/T 2944—2019	机车车辆用锻件
	GB/T 5117—2012	非合金钢及细晶粒钢焊条
	GB/T 8110—2020	熔化极气体保护电弧焊用非合金钢及细晶粒钢实芯焊丝
	GB/T 10045—2018	非合金钢及细晶粒钢药芯焊丝

3. 碳素钢的性能

轨道交通焊接常用碳素钢、铸钢的力学性能分别见表 5-4、表 5-5。

表 5-4 常用碳素钢的力学性能

牌号	等级	抗拉强度/MPa	屈服强度/MPa 厚度或直径/mm					断后伸长率(%) 厚度或直径/mm					冲击试验(V型缺口) 温度/℃	冲击吸收能量(纵向)/J
			≤16	>16~40	>40~60	>60~100	>100~150	≤40	>40~60	>60~100	>100~150	>150~200		
Q195	—	315~430	195	185	—	—	—	33	—	—	—	—	—	—
Q215	A	335~450	215	205	195	185	175	31	30	29	27	26	—	—
	B												20	27
Q235	A	370~550	235	225	215	215	195	26	25	24	22	21	—	—
	B												20	27
	C												0	27
	D												−20	27
Q275	A	410~540	275	265	255	245	225	22	21	20	18	17	—	—
	B												20	27
	C												0	27
	D												−20	27

表 5-5 常用焊接结构用铸钢的力学性能

牌号	屈服强度/MPa	抗拉强度/MPa	断后伸长率(%)	室温时，V型缺口的冲击吸收能量/J
ZG200-400H	≥200	≥400	≥25	45
ZG230-450H	≥230	≥450	≥22	45
ZG270-480H	≥270	≥480	≥20	40
ZG300-500H	≥300	≥500	≥20	40

5.1.2 碳素钢用焊接材料

碳素钢焊接材料的选择依据等强匹配或高强匹配的原则，选择与母材强度相同或稍高于母材强度的焊接材料。同时根据焊接方法的不同选用与之匹配的焊接材料，主要包括：气体保护焊焊丝、焊条电弧焊焊条、埋弧焊焊丝和焊剂等。

5.1.3 碳素钢的焊接性能

低碳钢为碳含量低于 0.25%（质量分数）的碳素钢，其焊接性优良。正常情况下焊接不需要采取特殊的工艺措施，如焊前预热、焊后保温及控制层间、道间温度等。焊接时具有以下特点：

1）可装配成各种接头形式，适应各种不同位置的焊接。

2) 焊接接头塑性好，产生裂纹的敏感性低。

5.1.4 碳素钢的焊接方法

碳素钢具有较好的焊接性，适用于碳素钢的焊接方法很多，如气体保护焊、焊条电弧焊、埋弧焊、氩弧焊、等离子弧焊、电阻焊和电子束焊等，几乎所有的焊接方法，都可用于焊接碳素钢。焊接方法选择主要是根据材料的种类、施工条件、结构形式、效率与制造成本、焊接质量要求等综合考虑，选择原则应为：在良好的劳动条件下，低成本地完成高质量的焊缝。

轨道交通装备制造行业的碳素钢焊接，目前主要采用实芯焊丝气体保护焊、焊条电弧焊、埋弧焊等方法。

5.2 低合金钢及其焊接方法

低合金钢是指钢中合金元素含量一般不超过5.0%，屈服强度一般达到300～400MPa或更高，并且具有优良焊接性能的工程结构用钢。据添加元素的不同，采取适当的加工工艺，可获得高强度、高韧性、耐磨、耐腐蚀、耐低温、耐高温及无磁性等特殊性能。了解并熟悉低合金钢材料的相关知识，有助于焊工了解焊接材料和焊接工艺，更好地完成低合金钢的焊接。

5.2.1 低合金钢的编号

低合金高强度结构钢的牌号表示方法与碳素结构钢相同，也是以屈服强度级别为标准编号，采用"Q+数字+字母+字母"表示。其中，"Q"字是钢材的屈服强度"屈"字的汉语拼音字首，紧跟后面是屈服强度值，再其后分别是质量等级符号和脱氧方法。例如Q355C 表示 $R_{eL} \geqslant 355$MPa、质量等级为 C 级的低合金高强度钢。

5.2.2 低合金钢

本节所介绍的低合金钢是指含有少量合金元素，具有较好的力学性能和工艺性能，用于各种工程构件的钢种。

我国低合金钢包含范围很广，钢材品种不仅包括供焊接的低合金高强度结构钢，还包括低合金冲压钢、低合金耐腐蚀钢、低合金耐磨损钢、低合金低温钢，甚至还有低、中碳的低合金建筑钢和中、高碳的低合金铁道轨钢。

我国于1957年开始研制低合金钢，研发了 Mn、Mn-V、Mn-Ti、Mn-Nb 和 Mn-Mo 等系列钢种，屈服强度为300～700MPa，历经六十余年的发展，我国低合金钢已形成完整的标准系列。

根据 GB/T 13304.2—2008《钢分类》第二部分，低合金钢分类如下：

（1）按主要质量等级　低合金钢按主要质量等级分为普通低合金钢、优质低合金钢和特殊低合金钢三类。

1）普通低合金钢。普通低合金钢是指在生产过程中不需要特别控制质量要求，用作一般用途的低合金钢。普通低合金钢主要包括一般用途低合金结构钢、低合金钢筋钢、铁道用一般低合金钢和矿用一般低合金钢。

2）优质低合金钢。优质低合金钢是指除普通低合金钢和特殊低合金钢以外的低合金钢。在生产过程中需要特别控制质量，如降低硫、磷含量，控制晶粒度，改善表面质量，增加工艺控制等，以满足比普通低合金钢特殊的质量要求，例如良好的抗脆断性能和良好的冷变形加工性能等。但这种钢的生产控制和质量要求，不如特殊低合金钢严格。优质低合金钢主要包括：可焊接的高强度结构钢、锅炉压力容器用低合金钢、造船用低合金钢、汽车用低合金钢、桥梁用低合金钢、自行车用低合金钢、低合金耐候钢、铁道用低合金钢、矿用低合金结构钢，以及输油、输气管线用低合金钢等。

3）特殊低合金钢。特殊低合金钢是指在生产过程中需要特别严格控制质量和性能（特别是严格限制硫、磷等杂质含量和控制纯洁度）的低合金钢。特殊质量低合金钢主要包括：低合金高强度钢、保证厚度方向性能的低合金钢、铁道用低合金钢、低温压力容器用低合金钢、舰船及兵器用低合金钢和刮脸刀片用低合金钢等。

(2) 按主要性能和使用特性　低合金钢按主要性能及使用特性分为：可焊接低合金高强度结构钢、低合金耐候钢、低合金钢筋钢、铁道用低合金钢、矿用低合金钢和其他低合金钢等。

5.2.3　低合金高强度结构钢

低合金高强度结构钢是在碳素结构钢的基础上添加少量合金元素（质量分数3%以下），屈服强度在275MPa以上，主要用于工程结构件。

低合金高强度结构钢作为近几十年发展快、性能好、产量大和应用范围广的钢种，受到了世界各国的重视，各发达工业国家的低合金高强度结构钢产量约占钢产量的10%。

1. 化学成分特点

(1) 碳的质量分数　低合金高强度结构钢以低碳和低硫为主要特征。由于塑性、韧性、焊接性和冷变形加工性能的要求，故碳的质量分数不超过0.20%。

(2) 合金化元素　在低合金高强度钢中常用的合金元素有 Mn、Si、Mo、Cu、Nb、Ti、Zr、B、P 和 N 等，总质量分数一般在3%以下。这种钢中主加元素为锰（Mn），主要作用是通过 Mn 溶入铁素体中而达到固溶强化的目的；此外，Mn 还通过细化晶粒来改善塑性和韧性。Mn 是一种固溶强化效果显著又比较便宜的合金元素，不过，为保证钢的塑性和韧性，Mn 的质量分数不应超过1.8%。铌、钛或钒等作为辅加元素，少量的铌、钛或钒在钢中形成细碳化物或碳氮化物，一方面在热轧时阻止奥氏体晶粒长大；另一方面在冷却过程中析出碳氮化物，进一步提高钢的强度和韧性。此外，加入少量铜（$w_{Cu}=0.4\%$）和磷（$w_P=0.1\%$左右）等，可提高耐大气腐蚀性能。

加入少量稀土元素，可以脱硫去氢，使钢材净化，改善钢材的韧性和工艺性能。

2. 性能特点

低合金高强度结构钢强度高，一般屈服强度在300MPa以上，因此1t低合金高强度结构钢可等效于1.2~2.0t普通碳素钢使用，从而减轻构件重量，提高构件使用的可靠性并节约钢材。

低合金高强度结构钢塑性和韧性好，具有良好的焊接性能和冷变形加工性能，并且冷脆转变温度低，耐大气腐蚀性能。

这类钢一般在热轧空冷状态下使用，可采用焊接工艺制造成为各种形状的零部件产品，不需要进行专门的热处理。使用状态下的显微组织一般为铁素体+珠光体（索氏体）。有时也可淬火成低碳马氏体状态。

3. 常用钢种

常用低合金高强度结构钢按其屈服强度的高低分为 5 个级别（300MPa、350MPa、400MPa、450MPa 和 500MPa），其力学性能和用途见表5-6。

表5-6 低合金高强度结构钢的力学性能和用途（摘自 GB/T 1591—2018）

牌号	旧牌号	主要化学成分（质量分数,%）			力学性能			用途
		C	Si	Mn	R_{eL}/MPa	R_m/MPa	A（%）	
Q295	09MnNb	≤0.12	0.20~0.60	0.80~1.20	300	420	23	桥梁、车辆
					280	400	21	
	12Mn	≤0.16	0.20~0.60	1.10~1.50	300	450	21	锅炉、容器、铁道车辆、油罐等
					280	440	19	
Q345	16Mn	0.12~0.20	0.20~0.60	1.20~1.60	350	520	21	桥梁、船舶、车辆、压力容器、建筑结构
					290	480	19	
	16MnRE	0.12~0.20	0.20~0.60	1.20~1.60	350	520	21	建筑结构、船舶、化工容器等
Q390	16MnNb	0.12~0.20	0.20~0.60	1.20~1.60	400	540	19	桥梁、起重设备等
					380	520	18	
	15MnTi	0.12~0.18	0.20~0.60	1.20~1.60	400	540	19	船舶、压力容器、电站设备等
					380	520	19	
Q420	14MnVTiRE	≤0.18	0.20~0.60	1.30~1.60	450	560	18	桥梁、高压容器、大型船舶、电站设备等
					420	540	18	
	15MnVN	0.12~0.20	0.20~0.60	1.30~1.70	450	600	17	大型焊接结构、大桥、管道等
					430	580	18	
Q460	14MnMoVB	0.10~0.18	0.20~0.50	1.20~1.60	500	650	16	中温高压容器（<500℃）
	18MnMoNb	0.17~0.23	0.17~0.37	1.35~1.65	520	650	17	锅炉、化工、石油高压壁厚容器（<500℃）
					500	650	16	

在较低级别的钢中，Q345（16Mn）最具有代表性。Q345 是 20 世纪 30 年代发展起来的世界上第一种低合金高强度结构钢，目前，它是我国用量最多、产量最大的一种低合金高强度结构钢，使用状态的组织为细晶粒的铁素体-珠光体，与碳素结构钢 Q235 相比，强度高 20%~30%，耐大气腐蚀性能高 20%~38%，这类钢多用于船舶、车辆和桥梁等大型钢结

构。目前，在此基础上已经发展出了多种派生牌号和专用钢种，如16MnR、16Mnq等。南京长江大桥采用Q345比用碳素钢节约钢材15%以上，又如我国的重载汽车大梁采用Q345后，使载重比由1.05提高到1.25。

Q420钢级别钢含V、Ti和Nb，能细化晶粒，产生第二相弥散强化，使屈服强度提高，是中等级别强度钢中使用最多的钢种。Q420钢强度较高，且韧性、焊接性及低温韧性也较好，广泛用于制造桥梁、锅炉、船舶和中等压力的容器。

强度级别超过450MPa后，由于铁素体和珠光体组织难以满足要求，于是发展了低碳贝氏体钢。钢中加入Cr、Mo、Mn和B等元素，有利于在空冷条件下得到贝氏体组织，使强度更高，塑性和焊接性能也较好，多用于高压锅炉和高压容器等，如Q460钢。

5.2.4 低合金钢用焊接材料

低合金钢用焊接材料的选择，首先应该保证焊缝金属的强度、塑性、韧性达到产品的技术要求，同时还应该考虑抗裂性及焊接生产效率等要求。一般只要焊缝强度或焊接接头的实际强度不低于产品要求即可，焊缝金属强度过高，将导致焊缝韧性、塑性以及抗裂性能的下降，从而导致焊接结构使用安全性的降低。部分低合金高强度结构钢由于氢致延迟裂纹敏感性较强，所以选择焊接材料时应优先选用低氢焊条和碱度适中的埋弧焊焊剂。海洋工程、压力容器及超高强钢壳体产品选用的焊接材料，还必须保证焊缝金属具有相应的耐低温、耐高温或耐腐蚀性能要求。

5.2.5 低合金钢的焊接性

低合金钢含有一定量的合金元素及微合金元素，其焊接性与碳素钢有差别，主要是焊接热影响区组织与性能的变化对热输入较敏感，热影响区淬硬倾向增大，对氢致延迟裂纹敏感性较大，含有碳、氮化合物形成元素的低合金高强度结构钢还存在再热裂纹的危险等。只有在掌握各种不同低合金高强度结构钢焊接性特点和规律的基础上，才能制定正确的焊接工艺，保证低合金高强度结构钢的焊接质量。

1）热轧和正火低合金钢随着强度级别的提高和合金元素的增加，焊接难度增大，容易产生热影响区脆化、冷裂纹、热裂纹、再热裂纹、层状撕裂等缺陷，适当采用预热、缓冷、焊后热处理等工艺，可以有效减少缺陷，改善焊接接头性能。

2）低碳调质合金钢主要用作高强度的焊接结构，由于其含碳量限制的较低，因此焊接此类钢发生的问题与正火钢基本类似，同时这类钢材焊后还会在热影响区引起软化，焊接时需要采用小焊接热输入的工艺措施解决。

3）中碳调质合金钢碳含量及合金元素都较高，其淬硬倾向十分明显，结晶温度区间较大，偏析也较严重，因此具有较大的热裂纹、冷裂纹、过热区脆化、热影响区软化倾向，焊接时需采用较高的预热温度和层间温度，焊后采用一定的热处理方式避免产生焊接缺陷。

4）耐候钢中除含P钢外，焊接性一般与低合金热轧钢没有原则性区别，焊接性良好，只需注意选择焊接材料时满足强度要求外，还须使焊缝金属的耐腐蚀性能与母材相匹配。

5.2.6 低合金钢的焊接方法

低合金钢最常用的焊接方法有焊条电弧焊、埋弧焊、熔化极实芯或药芯焊丝活性气体保

第 5 章 轨道交通装备常用金属材料及其焊接方法

护焊、钨极氩弧焊、电阻焊、电渣焊、气电立焊等常用的熔焊及压焊方法。具体选用何种焊接方法取决于现场工况、产品结构、板厚等相关条件。由于部分低合金高强钢碳含量和合金含量较高，其淬硬倾向增大，所以需要采用低氢或者预热以及焊后热处理的工艺措施，防止产生裂纹或脆硬组织，影响焊缝力学性能。

5.3 不锈钢及其焊接方法

不锈钢中的主要元素铬能使钢处于钝化状态，使其具有不锈特性。为此，不锈钢中铬的质量分数应高于 12%。除铬外，不锈钢中还需加入能使钢钝化的镍、钼等其他元素。不锈钢与碳素钢相比具有高的电阻率、大的线膨胀系数、低的热导率等特点，广泛应用于车体组装件以及地铁、城轨车体。了解并熟悉不锈钢的相关焊接知识，有助于焊工了解焊接材料和焊接工艺，更好地完成不锈钢的焊接工作。

5.3.1 不锈钢的种类、标准及性能

1. 不锈钢的种类

不锈钢通常按组织类型可分为 5 类，即奥氏体（A）不锈钢、铁素体（F）不锈钢、马氏体（M）不锈钢、双相（A-F、A-M）不锈钢和沉淀硬化（PH）不锈钢。轨道交通行业制造中的车体及其部件应用的主要是奥氏体不锈钢，具体常用的牌号和化学成分分别见表 5-7、表 5-8。铁素体不锈钢牌号和化学成分见表 5-9，各国不锈钢和耐热钢牌号对照见表 5-10。

表 5-7　06Cr19Ni10、022Cr17Ni17（GB/T 20878—2008）

统一数字代号	新牌号	旧牌号	化学成分（质量分数,%）										
			C	Si	Mn	P	S	Ni	Cr	Mo	Cu	N	其他元素
S30408	06Cr19Ni10	0Cr18Ni9	≤0.08	≤1.00	≤2.00	≤0.045	≤0.030	8.00~11.00	18.00~20.00	—	—	—	—
S30103	022Cr17Ni17	—	≤0.03	≤1.00	≤2.00	≤0.045	≤0.030	5.00~8.00	16.00~18.00	—	—	≤0.20	—

表 5-8　SUS304、SUS301L（JIS G 4305：2005）

牌号	化学成分（质量分数,%）										
	C	Si	Mn	P	S	Ni	Cr	Mo	Cu	N	其他
SUS304	≤0.08	≤1.00	≤2.00	≤0.045	≤0.030	8.00~10.50	18.00~20.00	—	—	—	—
SUS301L	≤0.030	≤1.00	≤2.00	≤0.045	≤0.030	6.00~8.00	16.00~18.00	—	—	≤0.20	—

· 71 ·

表 5-9 X5CrNi18-10（1.4301）、X2CrNiN18-7（1.4318）（EN 10088-1：2005）

钢牌号	编号	化学成分（质量分数,%）										
		C	Si	Mn	P	S	N	Cr	Cu	Mo	Nb	Ni	其他
X5CrNi18-10	1.4301	≤0.07	≤1.00	≤2.00	≤0.045	≤0.015	≤0.11	17.5~19.5	—	—	—	8.0~10.5	—
X2CrNiN18-7	1.4318	≤0.030	≤1.00	≤2.00	≤0.045	≤0.015	0.10~0.20	16.5~18.5	—	—	—	6.0~8.0	—

表 5-10 各国不锈钢和耐热钢牌号对照表

序号	中国 GB/T 20878—2007			美国 ASTM A959—2004	日本 JIS G4303—1998、JIS G4311—1991	国际 ISO/TS 15510：0：23、ISO 4955：2005	欧洲 EN 10088：1—1995、EB 10095—1999	苏联 ГОСТ5632—1973
	统一数字代号	新牌号	旧牌号					
1	S35350	12Cr17Mn6Ni5N	1Cr17Mn6Ni5N	S20100.201	SUS201	X12CrMnNiN17-7-5	X12CrMnNiN17-7-5.1.4372	—
2	S35950	10Cr17Mn9Ni4N	—	—	—	—	—	12Х17Г9АН4
3	S35450	12Cr18Mn9Ni5N	1Cr18Mn8Ni5N	S20200.202	SUS202	—	X12CrMnNiN18-9-5.1.4373	12Х17Г9АН4
4	S35020	20Cr13Mn9Ni4	2Cr13Mn9Ni4	—	—	—	—	20Х13Н4Г9
5	S35550	20Cr15Mn15Ni2N	2Cr15Mn15Ni2N	—	—	—	—	55Х20Г9АН4
6	S35650	53Cr21Mn9Ni4N	5Cr21Mn9Ni4N	(S63008)	SU1135	(X53CrMnNiN21-9)	X53CrMnNiN21-9-4.1.4871	—
7	S35750	26Cr18Mn12Si2N	3Cr18Mn12Si2N	—	—	—	—	—
8	S35850	22Cr20Mn10Ni3Si2N	2Cr20Mn9Ni3Si2N	—	—	—	—	—
9	S30110	12Cr17Ni7	1Cr17Ni7	S30100.301	SUS301	X5CrNi17-7	(X3CrNiN17-8.1.4319)	—
10	S30103	022Cr17Ni7	—	S30103.301L	(SUS301L)	—	—	—
11	S30153	022Cr17Ni7N	—	S30153.301LN	—	X2CrNiN18-7	X2CrNiN18-7.1.4318	—
12	S30220	17Cr18Ni9	2Cr18Ni9	—	—	—	—	17Х18Н9
13	S30210	12Cr18Ni9	1Cr18Ni9	S30200.302	SUS302	X10CrNi18-8	X10CrNi18-8.1.4310	12Х18Н9
14	S30240	12Cr18Ni9Si3	1Cr18Ni9Si3	S30215.302B	(SUS302B)	X12CrNiSi18-9-3	—	—
15	S30317	Y12Cr18Ni9	Y1Cr18Ni9	S30300.303	SUS303	X10CrNiS18-9	X8CrNiS18-9.1.4305	—
16	S30327	Y12Cr18Ni9Se	Y1Cr18Ni9Se	S30323.303Se	SUS303Se	—	—	12Х18Н10Е
17	S30408	06Cr19Ni10	0Cr18Ni9	S30400.304	SUS301	X5CrNi18-10	X5CrNi18-10.1.4301	—
18	S30403	022Cr19Ni10	00Cr19Ni10	S30403.304L	SUS304L	X2CrNi19-11	X2CrNi19-11.1.4306	03Х18Н11
19	S30409	07Cr19Ni10	—	S30409.304H	SUH301H	X7CrNi18-9	X6CrNi18-10.1.4948	—

(续)

序号	中国 GB/T 20878—2007		美国 ASTM A959—2004	日本 JIS G4303—1998、JIS G4311—1991	国际 ISO/TS 15510: 0: 23、ISO 4955: 2005	欧洲 EN 10088: 1—1995、EB 10095—1999	苏联 ГОСТ5632—1973
	统一数字代号	新牌号	旧牌号				
20	S30450	05Cr19Ni10Si2CeN	—	S30415	—	X6CrNiSiNCa19-10	X6CrNiSi Nca19-10.1.4818	—
21	S30480	06Cr18NiCu2	0Cr18Ni9Cu2	—	SUS304J3	—	—	—
22	S30488	06Cr18Ni9Cu3	0Cr18Ni9Cu3	—	SUSXM7	X3CrNiCu18-9-4	X3CrNiCu18-9-4.1.4567	—
23	S30458	06Cr19Ni10N	0Cr19Ni9N	S30451.304N	SUS304N1	X5CrNiN19-9	X5CrNiN19-9.1.4315	—
24	S30478	06Cr19Ni9NbN	0Cr19Ni10NbN	S30452.XM-21	SU304N2	—	—	—
25	S30453	022Cr19Ni10N	00Cr18Ni10N	S30453.304LN	SUS304LN	X2CrNiN18-9	X2CrNiN18-10.1.4311	—
26	S30510	10Cr18Ni12	1Cr18Ni12	S30500.305	SUS305	X6CrNi18-12	X4CrNi18-12.1.4303	12Х18Н12Г
27	S30508	06Cr18Ni12	0Cr18Ni12	—	SUS305J1	—	—	—
28	S38108	06Cr16Ni18	0Cr16Ni18	S38400	(SUS384)	(0X6CrNi18-16E)	—	—
29	S30808	06Cr20Ni11	—	S30800.308	SUS308	—	—	—
30	S30850	22Cr21Ni12N	2Cr21Ni12N	(S63017)	SUH37	—	—	—
31	S30920	16Cr23Ni13	2Cr23Ni13	S30900.309	SUH309	—	(X15CrNiSi20-12.1.4828)	20Х23Н12
32	S30908	06Cr23Ni13	0Cr23Ni13	S30908.309S	SUS309S	X12CrNi23-13	X12CrNi23-13.1.4833	10Х23Н13
33	S31010	14Cr23Ni18	1Cr23Ni16	—	—	—	—	20Х23Н18
34	S31020	20Cr25Ni20	2Cr25Ni20	S31000.310	SUH310	X15CrNi25-21	X15CrNi25-21.1.4821	20Х25Н20С2
35	S31008	06Cr25Ni20	0Cr25Ni20	S31008.310S	SUS310S	X12CrNi23-12	X12CrNi23-12.1.4845	10Х23Н18
36	S31053	022Cr25Ni22Mo2N		S31050.310-MoLN	—	X1CrNiMoN25-22-2	X1CrNiMoN25-22-2.1.4466	—

奥氏体不锈钢在各种不锈钢类型中应用最为广泛，品种也最多。由于奥氏体不锈钢的铬、镍含量较高，因此在氧化性、中性及弱还原性介质中均具有良好的耐蚀性。奥氏体不锈钢不能利用热处理使晶粒细化，也不能经过淬火来提高其硬度，但其塑韧性优良，冷热加工性能俱佳，焊接性优于其他类型不锈钢，因而广泛应用于建筑装饰、食品工业、纺织印染设备以及石油、化工、原子能领域。

铁素体不锈钢的应用比较广泛，钢中随着铬含量的提高，其耐酸性能也提高，加入钼后，则可提高耐酸腐蚀性和抗应力腐蚀的能力。该类钢用于制造硝酸化工设备的吸收塔、热交换器、储槽和运输硝酸用的槽罐以及制造不承受冲击载荷的其他零部件和设备，近年来在铁路货车大秦线运煤敞车的车体上批量采用铁素体不锈钢。

马氏体不锈钢中，为获得或改善某些性能，添加铬、钼等合金元素，可形成一些新的马氏体不锈钢，其主要用于硬度、强度较高，耐腐蚀要求不太高的场合，如量具、刃具、餐具、弹簧、轴承、汽轮机叶片、水轮机转轮、泵及阀等。

奥氏体-铁素体型双相不锈钢具有奥氏体不锈钢和铁素体不锈钢的一些特性，韧性良好，强度较高，耐氯化物应力腐蚀，适于制作海水处理设备、冷凝器、热交换器等，在石油、化工领域应用广泛。

沉淀硬化不锈钢是在不锈钢中单独或复合添加硬化元素，通过适当热处理获得高强度、高韧性并具有良好耐蚀性的一类不锈钢。通常作为耐磨、耐蚀、高强度结构件，如轴、齿轮、叶片等转动部件和螺栓、销子、垫圈等零部件以及高强度压力容器、化工处理设备等。

2. 不锈钢焊接的相关标准

目前轨道交通装备制造行业不锈钢焊接涉及的标准主要有接头设计类、工艺类、材料类等几大类，见表5-11。

表5-11 不锈钢焊接的相关标准

类别	标准号	标准名称
接头设计类	ISO 9692-1：2013	焊接及相关工艺-推荐的接头坡口 第1部分 钢的手工金属中弧焊、气体保护金属电弧焊、气焊、TIG焊、电子束焊
	ISO 2553：2019	焊接及相关工艺 图纸符号表示法 焊接接头
工艺类	ISO 15609	金属材料焊接工艺规程及评定 焊接工艺规程
	ISO 15614：2017	金属材料焊接工艺规程与评定 焊接工艺试验
	ISO 9606-1：2012	焊工考试 熔化焊第一部分 钢
材料类	GB/T 20878—2007	不锈钢和耐热钢牌号和化学成分
	EN 10088-1：2014	不锈钢第1部分 不锈钢列表
	JIS G 4305：2021	不锈钢冷轧板

3. 不锈钢的性能

（1）不锈钢的物理性能 不锈钢的物理性能与碳素钢相比：碳素钢的密度略高于铁素体不锈钢和马氏体不锈钢，而略低于奥氏体不锈钢；电阻率按碳素钢、铁素体不锈钢、马氏体不锈钢和奥氏体不锈钢排序递增；线膨胀系数大小的排序也类似，奥氏体不锈钢最高而碳素钢最小；碳素钢、铁素体不锈钢和马氏体不锈钢有磁性，奥氏体不锈钢无磁性，但其冷加工硬化生成马氏体相变时将会产生磁性，可用热处理方法来消除这种马氏体组织而恢复其无磁性。

奥氏体不锈钢与碳素钢相比，具有以下特点：

1）高的电阻率，约为碳素钢的5倍。

2）大的线膨胀系数，比碳素钢大40%，并随着温度的升高，线膨胀系数的数值也相应提高。

3）低的热导率，约为碳素钢的1/3。

由于奥氏体不锈钢具有这些特殊的物理性能，所以在焊接过程中会引起较大的焊接变形。特别在异种金属（指与碳素钢、低合金钢）焊接时，由于这两种材料的热导率和线膨胀系数有很大差异，会产生较大的焊接残余应力，也成为焊接接头产生裂纹的主要原因之一。

(2) 不锈钢的力学性能　常用奥氏体不锈钢的力学性能见表5-12。

表5-12　常用奥氏体不锈钢力学性能

牌号	强度级别	$R_{p0.2}$/MPa		R_m/MPa		A（%）
		最小	最大	最小	最大	
06Cr19Ni10	无	205	—	515	—	≥40
022Cr17Ni7	LT	215	—	550	—	≥45
	DLT	345	(485)	690	(865)	≥40
	ST	410	(550)	760	(930)	≥35
	MT	480	(655)	820	(1000)	≥25
	HT	685	(830)	930	(1140)	≥20

(3) 不锈钢的耐腐蚀性能　金属受介质的化学及电化学作用而破坏的现象称为腐蚀。不锈钢的主要腐蚀形式有均匀腐蚀（表面腐蚀）和局部腐蚀。据统计，在不锈钢腐蚀破坏事故中，由均匀腐蚀引起的仅占约10%，而由局部腐蚀引起的则高达90%以上，由此可见，局部腐蚀是相当严重的。

均匀腐蚀是指接触介质的金属表面全部产生腐蚀的现象，其使金属截面不断减少，对于被腐蚀的受力零件而言，会使其承受的真实应力逐渐增加，最终达到材料的断裂强度而发生断裂。铬不锈钢或铬镍不锈钢因铬的钝化作用而对氧化性酸、大气均有较好的耐均匀腐蚀性能。高铬镍的奥氏体不锈钢，由于高镍或添加钼、铜之类元素，所以具有较高的耐还原性酸腐蚀的性能。该类钢又有耐酸钢之称。沉淀硬化不锈钢由于高铬，也有较好的耐均匀腐蚀性能。

局部腐蚀包括晶间腐蚀、点腐蚀、缝隙腐蚀和应力腐蚀等。

5.3.2　不锈钢用焊接材料

标准奥氏体不锈钢的填充材料设计通常要使堆焊熔合区域中铁素体含量介于3~15FN，以增强抗热裂性能。

纯奥氏体不锈钢没有磁性。奥氏体中δ铁素体的存在会产生少量磁性，可以利用该特征来测量焊接后焊缝金属中铁素体的比例。

纯奥氏体不锈钢要求使用成分含量大约相近的或稍微超合金元素含量的填充材料，并且容易受热裂纹影响。

可根据 ISO 3581：2016、ISO 14343：2017 或 EN 12073：1999 选择填充材料。

5.3.3　不锈钢的焊接性能

目前，不锈钢的应用以奥氏体不锈钢冷轧板最为广泛，几乎熔焊的各种焊接方法均可用于焊接不锈钢，但是，不锈钢对各种焊接方法的适应性不同，各种焊接方法有其各自的特点和应用场合。MAG焊与TIG焊接特点及适用范围见表5-13。

选择焊接方法时，应考虑产品结构特点、制造工艺需求、焊件厚度、焊件牌号及其焊接性、对焊接接头质量及性能的要求，以及用户单位的技术、经济等多方面的条件。

表 5-13 MAG 焊、TIG 焊特点及适用范围

焊接工艺方法	特 点	适 用 范 围
直流钨极惰性气体保护焊（TIG）	采用氩气和氦气保护和直流正接，电弧无阴极清理作用，但氩弧发热及母材受热大，可短弧深熔焊	特别适用于焊接厚件
钨极脉冲氩弧焊（TIG-P）	焊接电流由基值电流（恒定小电流）和脉冲电流（脉冲大电流）组合而成，焊接薄件时，电弧更为稳定，可调参数增多，便于焊接热循环的调节和控制，零件适焊厚度范围增大，焊接变形减小，母材热影响区变窄	特别适用于薄型零件的焊接、全位置焊接
熔化极活性气体保护焊（MAG）	采用直流反接，可使用比钨极氩弧焊更大的焊接电流，电弧功率大，焊接效率高，生产率比手工钨极氩弧焊提高 2~3 倍。熔化极氩弧焊熔滴过渡过程使得其不如钨极氩弧焊过程稳定，焊缝易产生气孔	零件不开坡口时的厚度为 1.5~3mm，零件开坡口时最大厚度可达到 50~60mm
熔化极脉冲惰性气体保护电弧焊	焊接电流平均值较小，参数调节范围广，有利于预防焊缝气孔、减小母材热影响区、减小焊接变形	薄件焊接即全位置焊接
冷金属过渡焊（CMT）	直流反接，采用短路过渡形式，热输入量小，焊接变形小	特别适用于薄件及受热易变形材料的焊接

5.3.4 不锈钢的焊接方法

不锈钢常用的焊接方法有熔化极气体保护焊（MAG）、钨极惰性气体保护焊（TIG）、冷金属过渡焊（CMT）、电阻焊及激光焊等。

MAG 焊是目前应用最广、最经济的焊接方法；由于其热输入高、变形大、飞溅无法避免，因而使其应用受到一定的限制，尤其在 1mm 以下的薄板焊接中更使其应用受阻。

CMT 为冷金属过渡（Cold Metal Transfer）的英文缩写，是 Fronius 公司在短路过渡的基础上开发的焊接技术。该技术的关键是实现了送丝移动与熔滴过渡过程的数字化协调，实现了无飞溅引弧，焊接热输入小，可以进行最薄 0.3mm 的对接焊。

5.4 铝合金及其焊接方法

铝（Al）是地球上存储量最丰富的金属元素，自 1808 年被发现以来，已经广泛应用于工业、农业、航空航天、造船、轨道车辆、汽车及建筑等行业。

铝合金具有密度小、比强度高、耐蚀性好及良好的低温性能等特点，广泛应用于城轨车辆、高速动车组等车体。了解并熟悉铝合金材料的相关焊接知识，有助于焊工在焊接操作时合理地选用焊接材料和焊接工艺，更好地完成铝合金的焊接工作。

5.4.1 铝合金的种类、标准及性能

1. 铝合金的种类

根据化学成分和制造工艺的不同，铝及铝合金分类如图 5-1 所示。

（1）纯铝 高纯铝的 $w_{Al} \geq 99.999\%$，主要供电子工业的导电元件、制作高纯铝合金和激光材料等用。

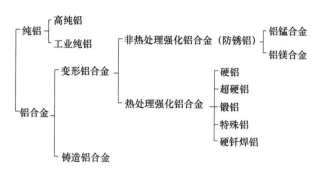

图 5-1　铝及铝合金材料分类

工业纯铝的 w_{Al} 在 99% 以上，其中主要杂质是铁和硅，可制作电缆、电容器、铝箔等，常用作垫片材料，很少直接制作受力结构零件。

（2）铝合金　在纯铝中加入各种合金元素冶炼出来的材料称为铝合金，生产铝合金的目的是提高材料强度，并获得其他需要的性能。

铝合金按工艺性能特点可分为变形铝合金和铸造铝合金两大类。其中变形铝合金又可分为非热处理强化铝合金和热处理强化铝合金两类，具体如下。

1）非热处理强化铝合金。非热处理强化铝合金主要有铝锰合金和铝镁合金等。它主要通过加入锰、镁等元素的固溶强化和加工硬化作用来提高力学性能，不能通过热处理来提高强度。此类铝合金在铝合金材料中焊接性最好，应用也最广。

2）热处理强化铝合金。热处理强化铝合金主要分为硬铝、超硬铝和锻铝。这类铝合金材料主要通过固溶、淬火和时效等工艺来提高力学性能。硬铝主要成分是铝、铜、镁；超硬铝成分则是在硬铝的基础上增加了锌。

3）铸造铝合金。铸造铝合金分铝－硅合金、铝－铜合金、铝－镁合金和铝－锌合金四类，其中铝－硅合金应用最广。

2. 铝合金的数字系列分类及说明

铝及铝合金按（GB/T 16474—2011）《变形铝及铝合金牌号表示方法》的规定和国际上较为通用的牌号命名方法分为八类，并用四位字符体系表示。这八类铝及铝合金的主要成分和性能特点如下。

（1）1000 系列（工业用纯铝）

1）主要成分：Al（99% 以上）。

2）特点：具有优良的可加工性、耐蚀性、表面处理性和导电性，但强度较低。

3）主要用途：对强度要求不高的家庭用品、电气产品等。

（2）2000 系列（铝铜合金）

1）本族主要合金成分：Cu（1.5% ~ 6.0%），属热处理强化铝合金。为加强其力学性能，应进行淬火处理。

2）特点：具有很高的强度，但耐蚀性较差，用于腐蚀环境时需进行防蚀处理。

3）主要用途：主要用于飞机结构材料、铆钉结构件等。

(3) 3000系列（铝锰合金）

1) 本族主要合金成分：Mn（1.0%～1.3%），经过冷轧加工制成各种材质的非热处理强化铝合金。

2) 特点：耐蚀性、加工性、焊接性与纯铝相当，而强度较纯铝有较大提高，焊接性能良好。

3) 主要用途：广泛用于日用品、建筑材料等。

(4) 4000系列（铝硅合金）

1) 本族主要合金成分：Si（4.5%～13.5%），为非热处理强化铝合金。

2) 特点：具有熔点低、流动性好、耐蚀性强等优点，可用作焊接材料。

3) 主要用途：常被用做焊条（电极焊丝）及硬钎焊用填料，用于制作补强件、热交换器等。

(5) 5000系列（铝镁合金）

1) 本族主要合金成分：Mg（0.2%～5.6%），只添加镁或同时添加锰的铝合金，为非热处理强化铝合金。

2) 特点：耐蚀性、焊接性好、成形性好，强度比较高。

3) 主要用途：常作为焊接材料用在建筑、船舶车辆、机械零件、饮料罐等方面。

(6) 6000系列（铝镁硅合金）

1) 本族主要合金成分：Mg（0.45%～1.5%）、Si（0.2%～1.2%），属热处理强化铝合金。

2) 特点：耐蚀性好，易成形加工，挤压性能较好，强度较高。

3) 主要用途：常作为结构材料、建筑材料等。

(7) 7000系列（铝锌镁合金）

1) 本族主要合金成分：Zn（0.5%～6.1%）、Mg（0.1%～2.9%）、Cu（0.1%～2.0%），属高强度热处理强化铝合金。

2) 特点：焊接性、耐蚀性均不好，是目前铝合金中强度最高的材料，抗拉强度可达到500MPa。

3) 主要用途：常作为飞机结构材料、体育用品、车辆结构材料等。

(8) 8000系列（其他铝合金） 备用系列。

目前，轨道交通装备常用铝合金材料绝大部分为5、6、7系，主要用于车体及其零部件的制造，具体牌号、状态及厚度见表5-14。

表5-14 轨道交通常用铝合金的牌号、状态及厚度

牌　号	状　态	厚度 t/mm
5083	O	$0.20 < t \leq 200.00$
	H111	$0.20 < t \leq 200.00$
	H22、H32、H24、H34	$0.20 < t \leq 6.00$
	H321	$1.50 < t \leq 80.00$
	H112	$6.00 < t \leq 120.00$

(续)

牌 号	状 态	厚度 t/mm
6005A	T4	1.00~80.00
	T6	1.00~80.00
	T651	6.30~80.00
6008	T4	1.00~20.00
	T6	1.00~20.00
6061	O	0.40~25.00
	T4	0.40~80.00
	T451	6.30~80.00
	T6	0.40~100.00
	T651	6.30~100.00
6082	O	0.40~25.00
	T4	0.40~80.00
	T451	6.30~80.00
	T6	0.40~65.00
	T651	6.30~65.00
6A01	T5	1.00~20.00
7005	T6	1.00~80.00
	T651	6.30~80.00
7020	O, T4	0.40~12.50
	T451	6.30~12.50
	T6	0.40~200.00
	T651	6.30~200.00
7B05	O, T4, T5, T6	1.50~75.00

3. 铝合金焊接的相关标准

目前轨道交通装备制造行业铝合金焊接涉及的标准主要有接头设计类、工艺类、材料类等，具体见表5-15。

表5-15 铝合金焊接相关标准

类 别	标 准 号	标 准 名 称
接头设计	EN 15085-3：2007	铁路应用-铁路车辆和配件的焊接 第三部分：设计要求
	ISO 9692-3：2016	焊接及相关工艺 推荐的接头坡口 第3部分 铝及其合金的金属惰性气体保护焊和钨极惰性气体保护焊
	ISO 25239-2：2020	搅拌摩擦焊 铝 第2部分：焊缝接头的标准设计
工艺	ISO 15609：2019	金属材料焊接工艺规程及评定 焊接工艺规程
	ISO 15614-2：2009	金属材料焊接工艺规程与评定 焊接工艺试验 第2部分：铝和铝合金的电弧焊

(续)

类别	标 准 号	标 准 名 称
材料	GB/T 32182—2015	轨道交通用铝及铝合金板材
	GB/T 32181—2015	轨道交通用焊接用铝合金线材
	TB/T 3260—2011	动车组用铝及铝合金
	EN 515：2017	铝及铝合金 锻制产品 调和设计
	EN 573：2013	铝及铝合金 锻造品的化学成分和形成
	EN 755：2016	铝及铝合金 挤压棒材、管材及型材
	ISO 18273：2015	焊接消耗品 铝和铝合金焊接用焊丝电极、金属丝和棒材分类

4. 铝合金的物理性能

铝及铝合金密度低（2.7g/cm³）、强度高（可达到 500~600MPa）、熔点低（铝的熔点约 660℃）、电阻率小（约为钢的 1/4）、热导率大（约为钢的 3~4 倍）、热膨胀系数大（约为钢的 2 倍），延展性好、塑性好。

对于纯铝，其物理性能与钢比较见表 5-16。

表 5-16 纯铝与钢的物理特性比较

性　　能	铝	钢
原子质量/g·mol⁻¹	26.98	55.84
晶格	面心立方晶格	体心立方晶格
密度/g·cm⁻³	2.70	7.87
弹性模量/MPa	67×10³	210×10³
线膨胀系数/(1/K)	24×10⁻⁶	12×10⁻⁶
屈服强度/MPa	≈10	≈100
抗拉强度/MPa	≈50	≈200
比热容/J·(kg·K)⁻¹	≈890	≈460
熔化热/J·g⁻¹	≈390	≈272
熔点/℃	660	1536
热导率/W·(m·K)⁻¹	235	75
电导率/ms·mm⁻²	38	≈10
氧化物	Al₂O₃	FeO/Fe₂O₃/Fe₃O₄
氧化物熔点/℃	2050	1400/1455/1600

常用铝合金的物理性能见表 5-17。

表 5-17 常用铝合金的物理性能

铝合金牌号	密　度	比热容 /J·(g·℃)⁻¹ 100℃	热导率 /J·(cm·s·℃)⁻¹ 25℃	线膨胀系数 /×10⁻⁶℃⁻¹ 20~100℃	电导率 /×10⁻⁶Ω·cm 20℃
3A21	2.693	1.00	1.80	23.2	3.45
5A03	2.67	0.88	1.46	23.5	4.96
6A02	2.80	0.79	1.75	23.5	3.70

常用铝合金的力学性能见表5-18。

表 5-18 常用铝合金的力学性能

铝合金牌号	材料状态	抗拉强度 /MPa	屈服强度 /MPa	断后伸长率 (%)	断面收缩率 (%)	硬度 HBW
1A99	固溶态	45	$R_{P0.2}=10$	50	—	17
1035	冷作硬化	140	100	12	—	32
2A01	淬火+自然时效	300	170	24	50	70
3A21	冷作硬化	160	130	10	55	40
5A05	退火	270	150	23	—	70
6A02	淬火+人工时效	323.4	274.4	12	20	95
7A04	淬火+人工时效	588	539	12	—	150

5.4.2 铝合金用焊接材料

在铝及铝合金的焊接中，焊接材料主要指焊丝、保护气体等。

1. 保护气体

（1）氩气 氩气（Ar）是惰性气体，既不与金属起反应又不溶于液态金属，同时能量损耗低，电弧燃烧稳定。在TIG焊和MIG焊中均无飞溅。由于其密度比空气大，因此保护效果非常好。

对氩气纯度的要求：在实际生产中，铝合金焊接时，氩气的纯度应大于99.99%，其中杂质氧和氢含量小于0.005%，氮含量小于0.015%，水分控制在0.02mg/L以下。否则就会造成合金元素烧损，焊缝出现气孔，表面无光泽、发渣或发黑、焊缝成形不良等现象。此外，还会影响电弧的稳定性，使导电嘴回烧频率加大，易造成焊缝与母材熔合不好。

焊接铝合金薄板时，一般使用纯氩气保护，这主要是因为纯氩气保护时的焊接热输入较小、熔深浅的缘故。

（2）氦气 氦气（He）也是惰性气体，由于焊接过程中吸热小、熔池停留时间长，因此氦气保护焊接时气孔倾向小。但由于纯氦气保护焊接时，电弧稳定性差、短路过渡形式等缺点，故一般不单独使用。

（3）氩+氦混合气体 采用氩气保护时，可使熔滴过渡非常稳定，但采用氩气和氦气混合气体不仅可改善熔深和抗气孔性能，而且可降低预热所需费用或者甚至不用预热。

氩+氦混合气体，其组成为70%的氩气和30%的氦气。使用氩氦混合气体保护的好处在于它综合了两种保护气体的优点，即氩气的电弧稳定、能形成射流过渡、保护效果好，以及氦气的热输入量大、抗气孔能力强等。

如果用于大厚度铝合金材料的焊接时，可以增加氦气的含量，常用的氦气加入量为50%~70%。

（4）氩+氦+氮混合气体 氩+氦+氮混合气体，其组成为1.5%氮气、30%的氦气、其余为氩气，加入微量的氮气可以进一步增加焊接热输入，减小预热温度，改善焊缝成形。

当进行铝及铝合金焊接时，焊接保护气体的选用对生产效率和最终焊缝质量均有重要影响。

由于铝合金对氢气和氧气的高敏感性，因此要采用氩气和氦气做保护气体。由于成本问题，氩气是铝合金焊接使用最广泛的保护气体，但是使用氩气和氦、氮混合气体也具有其优点，在重要结构中，可选择使用。其优点如下：

1) 增加熔深和改善焊缝成形。
2) 提高焊接速度。
3) 可焊接厚度范围大。
4) 降低预热温度。
5) 减少气孔等焊接缺陷。

当提高氦、氩混合气体中氦的含量时，焊缝熔深将会从较圆的形状变为狭窄的指状。也会使焊缝余高降低、熔深增加。对于任何厚度的材料，都可以通过向氩气中添加氦气，来提高焊接速度。

使用含氦较高的混合气所产生的高热量输入也促进了对较厚工件的焊接。然而，除了自动焊以外，高氦含量的混合气通常不推荐使用在厚度小于3mm的材料上。

高质量MIG焊所需要的惰性气体流量是多种因素决定的：焊枪的型号、焊接电流、焊枪喷嘴的直径、焊接接头设计、焊接位置、焊接速度和焊接区域的气体扩散速度。最后一个因素很大程度上影响到气体的使用方法和焊接的质量。当进行焊接时，用防风材料对焊接区域提供保护，以防止空气混入惰性保护气体，通常来讲，氦气保护的气体流量要大于氩气保护的流量。

采用氩气时，保护气体的消耗：短路过渡电弧时，为12~15L/min；喷射脉冲电弧时，为15~20 L/min；采用混合气体保护时，保持气体的消耗参见表5-19。

表5-19 混合气体流量参考数据

保护气体	最小流动速度/L·min^{-1}
70% Ar + 30% He	20
50% Ar + 50% He	28
30% Ar + 70% He	35
100% He	40

2. 焊丝

在铝合金焊接中，由于焊缝金属的组织成分决定着焊缝的强度、塑性、抗裂性、耐蚀性等，因此合理选择焊丝及填充材料是十分重要的。选择焊丝时必须首先考虑基本金属的成分、产品的具体要求及施工条件，除了应满足接头力学性能、耐腐蚀性能外，还应考虑结构的刚性及抗裂性等问题。选择熔化温度低于母材的填充金属，可减小热影响区液化裂纹倾向。非热处理强化铝合金的焊接接头强度，按1系、4系、5系焊丝的次序增大。w_{Mg}在3%以上的5系焊丝，应避免在使用温度65℃以上的结构中采用，因为这些合金对应力腐蚀裂纹很敏感，在上述温度和腐蚀环境中易产生应力腐蚀裂纹。

选择焊丝通常基于以下几方面因素：

1) 与母材的化学成分相兼容，例如：否则会影响焊接裂纹倾向。

2）焊缝力学性能要求（需要将焊接热影响区和焊缝金属性能统一计算）。

3）焊接部件或构件的后续处理，例如表面处理、阳极氧化和表面装饰抛光。

4）焊缝要求的抗腐蚀能力。

5）最佳焊接性。

最终的选择还将根据产品实际需要，与上述几方面做综合平衡。

铝合金焊接焊丝选择如图 5-2 所示。具体选用应根据焊接工艺评定进行确定。

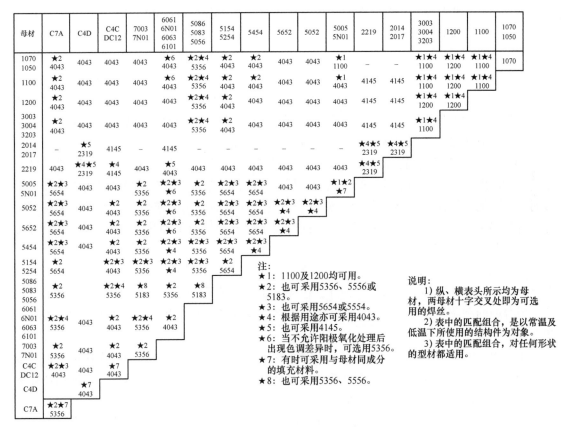

图 5-2　铝合金焊接焊丝选择

5.4.3　铝合金的焊接性能

所谓焊接性，就是材料的抗裂性、焊接结构的安全性、产品应用范围经济性三者的统一。如果材料的化学、冶金和物理性能都能适合于焊接工艺、并且其焊接接头达到了使用强度参数，就认为该材料适合于焊接。

由于铝及铝合金独特的物理化学性能，使其在焊接过程中具有一定的困难，具体表现在以下几点。

（1）易氧化　铝在空气中及焊接时极易氧化，生成的氧化铝（Al_2O_3）熔点高、非常稳定，不易去除。氧化膜的熔点高达 2500℃，远远超过铝合金的熔点（约 660℃）。在焊接过程中，氧化铝薄膜不但会阻碍母材的熔化和熔合，而且氧化膜的比重大（约为铝的 1.4 倍），不易浮出熔池，会造成熔合不良与焊缝夹渣。氧化膜还会吸附水分，焊接时会使焊缝生成气孔。因此在焊接铝及铝合金时，为了保证焊接质量，焊前应采用化学或机械方法进行严格的表面清理，去除焊件表面的氧化膜，并防止在焊接过程中再氧化。

（2）易产生气孔　产生气孔的气体有氢气、一氧化碳气体、氮气。氮不溶于液态铝，而且铝合金中不含碳，因此焊接铝合金时，不会产生氮气孔和一氧化碳气孔，只能产生氢气孔，所以焊接铝合金时、使焊缝产生气孔的气体是氢气。氢在液态铝中的溶解度为7mL/kg，而在660℃凝固温度时，氢的溶解度为0.4mL/kg，使原来溶于液态铝中的氢大量析出，形成气泡，因此在焊接铝合金时，焊缝很容易产生气孔。尤其是纯铝和防锈铝的焊接，更易产生气孔。为了减少氢的来源，在焊接铝合金时，应限制氢溶入母材金属和填充金属，且应该使用纯度较高的保护气体。焊前对焊件、焊丝、焊条等都应认真清除氧化膜、潮气和油污。焊接过程中尽可能减少中断，以防止气孔的形成。另外，在选择焊接参数时采用强参数，TIG焊（钨极惰性气体保护焊）时选用大的焊接电流配合较快的焊接速度；MIG焊（熔化极惰性气体保护电弧焊）时选用大的焊接电流配合较慢的焊接速度，以提高熔池的存在时间，有利于氢从过饱和固溶状态中逸出，减少氢气孔的产生。

（3）易焊穿　铝及铝合金由固态转变为液态时，由于没有显著颜色变化，因此不易判断熔池的温度。另外，温度升高时，铝的机械强度降低，铝在370℃时强度仅为10MPa，焊接时会因不能支撑住液态金属而使焊缝成形不良，甚至形成塌陷或烧穿。为了解决这个问题，焊接铝及铝合金时常常要采用垫板。同时需掌握好焊接时的加热温度，尽量采用平焊，在引（熄）弧板上引（熄）弧等。

（4）易产生热裂纹　铝的线膨胀系数比钢大将近两倍，而其凝固时的收缩率又比钢大两倍，因此铝焊件的焊接应力大。另外，铝合金成分对热裂纹的产生有很大影响，当铝及铝合金成分中的杂质超过规定范围时，在熔池中将形成较多的低熔点共晶，两者共同作用就容易在焊缝中产生热裂纹。

由于焊接裂纹常出现在引弧、熄弧、突然断弧、定位焊、补焊处，因此焊接铝及铝合金时，防止热裂纹应从减少焊接应力、调节熔池金属成分、改善熔池结晶条件、正确选择焊接方法和控制工艺参数等几方面来考虑。

（5）接头不等强度　铝及铝合金焊接时，由于焊接热的影响，焊接接头中热影响区会出现软化，强度降低，力学性能变坏，从而使接头与母材无法达到等强度。因此，要获得与母材等强度的对接接头，应增大焊缝区金属的厚度。

（6）焊后耐腐蚀性能下降　热处理强化铝合金（如硬铝）接头的耐蚀性显著降低，接头组织越不均匀，耐蚀性越易降低。焊缝金属的纯度和致密性也影响接头耐腐蚀性能。杂质较多、晶粒粗大以及脆性相（如$FeAl_3$）析出等，耐蚀性就会明显下降，不仅产生局部表面腐蚀，而且经常出现晶间腐蚀。此外，对于铝合金，焊接应力的存在也是影响耐蚀性的一个重要因素。

为了提高焊接接头的耐蚀性，主要采取以下措施。

1）改善接头组织成分的不均匀性，主要是通过焊接材料使焊缝合金化，细化晶粒并防止缺陷；同时调整焊接工艺以减少热影响区，并防止过热，焊后热处理。

2）消除焊接应力，如局部表面拉应力，可以采用局部锤击方式来消除。

3）采取保护措施，如采用阳极氧化处理或涂层等。

5.4.4 铝合金的焊接方法

由于铝合金材料应用的广泛性，到目前为止，铝合金焊接方法有脉冲熔化极氩弧焊（MIG）、交流钨极氩弧焊（TIG）、搅拌摩擦焊等。

针对不同牌号的铝合金进行焊接时，可采用不同的焊接方法，具体见表 5-20。

表 5-20 铝合金的焊接性及适用厚度

焊接方法	焊接性及适用厚度					说 明
	工业纯铝	铝锰合金	铝镁合金	适用厚度/mm		
	1100	3003	5083	推荐	可用	
TIG 焊	好	好	好	1~10	0.9~25	填丝或不填丝，厚板需预热，采用交流电源
MIG 焊	好	好	好	≥8	≥4	焊丝为电极，厚板需预热和保温，直流反接
脉冲 MIG 焊	好	好	好	≥2	1.6~8	适用于薄板焊接
焊条电弧焊	尚好	尚好	很差	3~8	—	需预热，操作性差，直流反接
电阻焊（点焊、缝焊）	尚好	尚好	好	0.7~3	0.1~4	需要电流大

铝合金具有较好的冷热加工性能和焊接性，可以采用常规的熔焊方法进行焊接。常用的焊接方法有气体保护焊、氩弧焊、等离子弧焊、电阻焊和电子束焊。热功率大、能量集中和保护效果好的焊接方法对铝合金的焊接较为合适。

轨道交通装备制造行业的铝合金焊接方法，目前主要为自动化的气体保护焊和搅拌摩擦焊，激光-电弧复合焊等先进焊接方法目前正在进行工艺探索和小面积应用验证。

1. MIG 焊

(1) MIG 焊设备　MIG 焊接设备主要由电源、控制器、送丝机、焊枪、封装套及地线等构成（见图 5-3）。

(2) MIG 焊特点　MIG 焊工艺方法生产率高，尤其大电流 MIG 焊适用于厚板焊接，焊后变形略大些，焊接质量与设备性能有一定关系，控制焊缝中气孔的产生是 MIG 焊的主要问题。MIG 焊时氢气的来源如图 5-4 所示。

(3) MIG 焊熔滴过渡形式的选择　MIG 焊熔滴过渡形式有短路过渡、射流过渡和亚射流过渡三种。短路过渡电弧短，发出"ba、ba"爆破声音，熔深浅，多用于薄壁（1~2mm）零件的角接或对接接头，需采用小电流、细丝（$\phi0.8mm$、$\phi1.0mm$）施焊。射流过渡电弧较长，发出"哨"声音，呈现窄而深的指状熔深，焊缝两侧面焊透不良，易出现气孔和裂纹等缺陷。亚射流过渡电弧稍长，发出"pa、pa"轻微爆破声音，亚射流熔滴过渡效果最佳，可得到盆底状焊缝截面熔深，力学性能优于短路浅熔深和射流过渡指状熔深。MIG 焊一般推荐采用亚射流熔滴过渡形式。

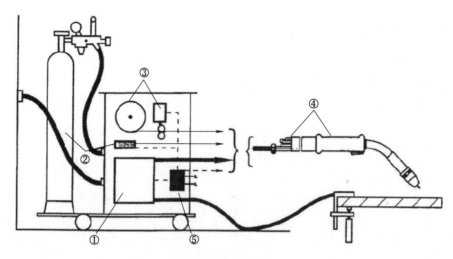

图 5-3 MIG 焊设备

注：①为带有网路和焊接电缆的焊接电源；②为带有气体流量计和电磁阀的供气装置；③为带有焊丝盘和送丝机构的送丝装置；④为带有送丝软管的焊枪；⑤为带有接口的控制箱。

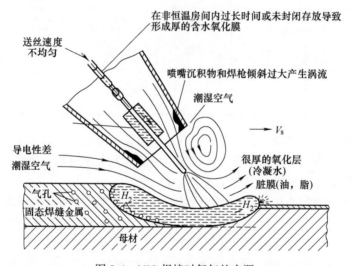

图 5-4 MIG 焊接时氢气的来源

（4）影响 MIG 焊焊接质量的因素　焊接时，保护气体一般选用 Ar，为提高效率和降低气孔倾向可选用 Ar + He；必须要控制好送丝速度、焊枪倾角、焊接速度、喷嘴高度。MIG 焊送丝软管用聚四氟乙烯或尼龙软管，不可用金属弹簧管，送丝轮不能带齿纹结构。铝合金 MIG 焊对接接头典型焊接参数见表 5-21。

表 5-21　MIG 铝合金对接接头焊接参数

板厚/mm	坡口形式	坡口角度/(°)	间隙/mm	钝边厚度/mm	焊丝直径/mm	送丝速度/m·min^{-1}	焊接电流/A	电弧电压/V	焊道数
2	I	—	0	2	0.8	5.0	110	20	1
4	I	—	0	4	1.2	3.1	170	22	1

(续)

板厚/mm	坡口形式	坡口角度/(°)	间隙/mm	钝边厚度/mm	焊丝直径/mm	送丝速度/m·min⁻¹	焊接电流/A	电弧电压/V	焊道数
5	I	—	0	5	1.6	4.3	200	25	1
5	Y	70	0	1.5	1.6	5.6	160	22	1
6	I	—	0	6	1.6	7.1	230	26	1
6	Y	70	0	1.5	1.6	6.0	170	22	1
8	Y	70	0	1.5	1.6	1. L 6.8	220	26	2
8	Y	70	0	1.5	1.6	2. L 6.8	220	26	2
10	Y	60	0	2.0	1.6	1. L 6.2	220	26	3
10	Y	60	0	2.0	1.6	2. L 6.0	200	24	3
10	Y	60	0	2.0	1.6	G 7.2	230	26	3
12	Y	60	0	1.5	1.2	1. L 13.7	240	26	3
12	Y	60	0	1.5	1.2	2. L 12.2	220	26	3
12	Y	60	0	1.5	1.2	G 15.6	250	28	3

注：1. L—1 道；2. L—2 道；焊丝：与母材相同；保护气体：Ar；G—背面焊道。

（5）MIG 焊坡口设计　焊缝形状一般是由铝合金材料厚度和焊接结构设计决定的。不同的材料厚度，坡口形状是不同的，铝合金焊缝坡口角度要大于钢材的坡口角度，这是因为铝合金焊接根部极易产生焊接缺陷，稍大的坡口会改善焊缝根部焊接条件，见表 5-22。

表 5-22　铝合金 MIG 焊坡口形状

序号	工件厚度 t/mm	焊缝 名称	焊缝 符号	焊缝 示意图	坡口 横截面	坡口 角度/(°)	坡口 间隙 b/mm	坡口 钝边 c/mm
1	$t \leq 2$	卷边焊缝	八			—	—	—
2	$t \leq 4$	I 形焊缝	‖			—	≤1	—
2	$2 \leq t \leq 4$	带垫板的 I 形焊缝	‖MR‖M			—	≤1.5	—
3	$3 \leq t \leq 5$	V 形焊缝	V			90°≥α ≥60°	≤2	≤2
3	$3 \leq t \leq 5$	带垫板的 V 形焊缝	VMR VM			60°≤α ≤90°	≤4	≤2

(续)

序号	工件厚度 t/mm	焊缝 名称	符号	示意图	坡口 横截面	角度 /(°)	间隙 b/mm	钝边 c/mm
4	$8 \leq t \leq 20$	带垫板的陡边焊缝	MR / M			$15° \leq \beta \leq 20°$	$3 \leq b \leq 10$	—

  MIG 焊时，使用惰性气体对熔池进行保护，防止焊缝被氧化。在平焊位置上，焊枪指向其运动方向，与垂直方向呈 5°~20°的夹角，焊枪焊丝指向应偏向导热的一侧。

  当铝材的厚度大于 8mm 时，需要多道焊接，焊接打底焊时非常重要，铝合金焊接大部分缺陷都出现在焊缝底部，打底焊需要快而且焊脚小，避免因熔敷金属盖住焊道根部而形成根部缺陷。

2. TIG 焊

  （1）TIG 焊设备 TIG 焊接设备主要由焊接电源、控制器、焊枪构成，如图 5-5 所示。

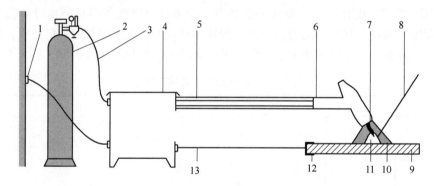

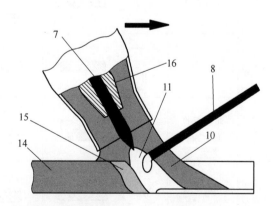

图 5-5 TIG 焊设备

1—网络 2—带有减压阀和气体流量计的保护气体瓶 3—保护气体软管 4—焊接电源 5—焊接电缆（电极）
6—焊枪 7—钨极 8—焊棒 9—焊件 10—保护气罩 11—电弧 12—焊件夹具
13—焊接电缆 14—固态焊缝 15—液态焊缝 16—夹紧套筒和导电嘴

(2) TIG 焊特点　适用于薄板焊接，具有变形小、气孔率低、质量好等特点，主要用于要求严格的产品。选用交流 TIG 焊，背面加气体保护措施。交流 TIG 焊负半波可去除氧化膜，正半波可减少钨极过热。TIG 焊工艺方法常见缺陷为气孔，产生气孔的原因是 Ar 纯度低、焊丝/坡口不清洁、保护效果不好、焊接参数不合适、钨极伸出过长、电弧太长或电弧不稳等。

交流 TIG 焊接铝合金材料时的焊接参数见表 5-23。

表 5-23　TIG 铝合金对接接头焊接参数

板厚/mm	坡口形式	钨极直径/mm	焊接电流[1]/A	焊丝直径/mm	Ar 消耗量/L·min^{-1}	焊接层数
1	Ⅱ	1.6	50～60	2	4～5	1
2	Ⅱ	2.4	60～90	2	5～6	1
3	Ⅱ	2.4	90～150	3	5～6	1
4	Ⅱ	3.2	150～180	3	6～8	1
6	V	3.2	180～240	4	8～10	2
8	V	4.0	200～280	4	8～10	2
10	V	4.8	260～350	5	10～12	2～3
12	V	6.4	320～400	5	12～14	3

[1] 为对接接头数据，角焊缝时大约提高 10%～20%。

在 TIG 焊时，一般采用左焊法，这是针对用右手持焊枪，左手持焊丝而言，焊枪向右倾斜 20°，焊丝前方与工件呈 15°向熔池送入，具体如图 5-6 所示。

电弧首先熔化金属形成一个熔池，焊丝从电弧下方送入熔池，焊工以前后运动的点动形式送进焊丝，在这个过程中，焊丝不能在电弧下移动太远，否则熔池降低。在焊接过程中，焊丝的前端应该在熔池的前端熔化进入熔池，焊工要确保焊丝前端不要脱离焊接保护气体保护区，否者焊丝前端会氧化并进入熔池。

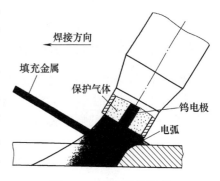

图 5-6　TIG 焊操作示意

3. 搅拌摩擦焊

（1）搅拌摩擦焊设备　搅拌摩擦焊主要由搅拌头完成，搅拌头由特型指棒、夹持器和圆柱体组成（见图 5-7）。

（2）搅拌摩擦焊的原理和特点　工作原理是旋转的搅拌头将摩擦热传给接合区，使其呈熔融状态，同时，沿接缝行进形成焊接接头。焊接开始时，搅拌头高速旋转，特型指棒迅速钻入被焊材料的接缝处，特型指棒与接触的金属摩擦生热形成热塑性层，轴肩与焊件表面摩擦产生辅助热，搅拌头与工件相对运动时，在搅拌头前面不断形成的热塑性金属转移到搅拌头后

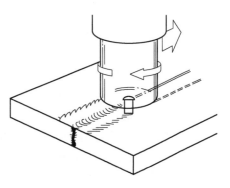

图 5-7　搅拌摩擦焊搅拌头

面，填满后面的空腔。焊接区金属经历被挤压、摩擦生热、塑性变形、转移、扩散、再结晶过程。

搅拌摩擦焊优点如下：
1）实现固相结合。
2）无变形或极小变形。
3）硬铝、压铸件或合成材料等难焊的材料均可焊接。
4）无保护气体。
5）力学性能优良，特别是疲劳性能好。
6）无烟尘、红外线、紫外线等有害物产生。
7）可实现高速焊接。
8）不产生气孔、裂纹等熔焊时易产生的缺陷。
9）接合区原则上不需要焊前处理。
10）接合区不产生柱状晶等组织，因源于塑性流动而细化晶粒。

搅拌摩擦焊的缺点如下：
1）搅拌摩擦焊焊缝无余高，工件端面必须为对接，不能实现角焊缝焊接。
2）三维曲面目前尚不能施焊。
3）接合区终端因为搅拌头的凸起部分存在，易造成残留孔洞。
4）背面要有承受摩擦压力的支撑装置。
5）对接缝的错边和间隙控制较严格。
6）目前生产中所焊材质还仅限于轻金属。

5.4.5 铝及铝合金焊接准备

焊前清理是保证铝及铝合金焊接质量的一个重要的工艺措施。众所周知，由于铝及铝合金极易氧化，表面生成一层致密且坚硬的氧化膜，该薄膜很容易吸收水分，所以不仅妨碍焊缝的良好熔合，而且是生成气孔和夹渣的根源之一。此外，如工件表面被油污、锈、垢污染后，也会引起气孔等缺陷。为了保证铝及铝合金的焊接质量，焊前应采取严格的清理措施，彻底清除焊丝和焊接接头的氧化膜和油污。清理的程度直接关系到焊接接头的焊接质量。清理方法主要有脱脂去油清理、化学清洗和机械清理三种。

1. 脱脂去油清理

将焊丝、焊件待焊处的油污用汽油、酒精、丙酮、醋酸乙酯、四氯化碳等溶液进行擦洗。擦洗时应注意将焊接坡口及两侧 30~50mm 内的部位都要擦洗干净。

2. 化学清洗

化学清洗主要是使用酸和碱等化学溶液清洗焊件、焊丝表面，使其与油、污、锈、垢、氧化膜发生化学反应，生成易溶的物质，使焊件待焊表面、焊丝表面露出金属光泽。

具体步骤如下：
1）将焊件与焊丝用浓度为 8%~10%、溶液温度为 40~60℃ 的 NaOH 溶液浸蚀 10~15min。
2）用冷水冲洗约 2min。
3）在体积分数为 30% 的稀硝酸溶液中进行中和处理，焊件表面不允许有黄斑、黑斑。
4）用 50~60℃ 热水冲洗 2~3min，并用硬毛刷刷干净。

5）放在 100～150℃ 干燥箱中烘干约 30min。

如果因焊件太大，无法进行整体化学清洗，也可以采用局部除膜处理。

具体清洗步骤如下：

1）用氧乙炔火焰加热坡口及两侧 30～50mm 处，使其温度达到 80～100℃。

2）用 10%～15% NaOH 溶液擦洗坡口及两侧 30～50mm 处，看到坡口及两侧开始发白时，用 30% 稀硝酸溶液擦抹进行中和。

3）用冷水冲洗干净。

4）进行风干。

值得注意的是，在进行化学清洗的时候，加热温度与溶液浓度不能过高，否则化学反应过分剧烈，会形成一层白色薄膜，影响焊接质量。化学清洗后，坡口及两侧残留溶液必须用水冲洗干净，否则会造成局部点状腐蚀，降低焊件的使用寿命。注意：目前随着焊丝制造技术的提高，焊丝化学清理已经没有必要。

3. 机械清理

机械清理方法主要用于去除金属表面的氧化膜、锈蚀污染以及轧制生产中造成的氧化皮等。在工件尺寸较大、生产周期长，多层焊及化学清洗后又玷污时，常采用机械清洗方法。

先用汽油、酒精、丙酮等有机溶剂擦拭表面以除油，然后采用不锈钢钢丝刷或刮刀将坡口两侧 50mm 内的氧化膜刷除或刮除干净，露出金属光泽。不可采用砂纸或砂轮打磨，因为铝及铝合金材质较软，在打磨过程中砂粒可能被压入母材内，在焊接时会产生缺陷。经机械清理之后，在焊件待焊处端面及正背面还要用丙酮或酒精等擦洗，以清除残存的氧化膜、油污或其他杂质。机械清理方法较为简便，但清理质量不及化学清理好，而且这种方法难于清除焊丝表面的氧化膜。

总之，铝及铝合金焊前的处理工作十分重要。焊前清理时，采用化学方法或机械方法均可，若能两者并用则焊接效果更好。在实际焊接现场中，某些不重要的焊件，也可以经脱脂去油后便直接进行焊接，而不经过其他清理过程。

焊件和焊丝经过清理后，最好能及时施焊，因为在存放过程中又会重新生成氧化膜，因此在清理完毕到焊前的时间间隔应尽量短，最多不超过 4h，超过规定时间，应重新清理。生产场地相对湿度较大时，上述的清理要求尤其要认真对待。

已研究成功的经电化学抛光处理的铝焊丝，一般在空气中可保存较长时间，在塑料密封保存的条件下，保存期可近半年。

4. 垫板

铝及铝合金在高温时的强度较低，如前所述，铝在 370℃ 时强度仅为 10MPa，这样在焊接时容易使焊缝塌陷或焊穿。为了保证焊透而又不致使焊缝塌陷，在实际焊接中常常采用某些形式的垫板来托住金属。垫板可用石墨、不锈钢或铜板制造。当使用铜板制造时，注意不能使铜板污染焊缝。因为当电弧通过铜垫板时，会形成铝铜合金，从而造成脆性区，形成腐蚀敏感的材料。垫板加工时，应在表面正对焊缝处开一个圆弧形槽，以保证焊缝背面成形良好。

垫板应该设计成能提供对底部焊缝的激冷作用，这样就减少了热影响区，对提高焊接接头的性能很有好处。水冷的铜棒有很好的激冷作用，而不锈钢棒的激冷效果则最差。

5. 焊接夹具

在进行铝及铝合金焊接时，要在最短的时间，获取复现性好、质量高的焊缝，工装夹具是一个重要的因素。合适的工装夹具，可以减少定位焊的要求并能提供较好的配合，使焊接容易和较快地完成。工装夹具的设计应该保证焊接时，夹持力均匀并且焊枪有很好的可达性，以及夹具拆除方便。设计应尽可能简单适用。

6. 焊前预热

焊接非热处理强化的铝及铝合金时，一般不需要对母材进行预热。然而对于可热处理强化的铝合金时，预热对焊接是有利的。预热的目的，一是为了消除焊接区金属表面的湿气；二是用缓慢加热和缓慢冷却的方式来减少焊件的温度差，从而减少焊接变形、未焊透、气孔、裂纹等倾向；三是可以加快焊接速度，减少铝液在高温的停留时间（减少合金元素的烧损）。铝及铝合金焊件如果厚度尺寸不大，一般不需要预热，当焊件厚度超过8mm时，需要预热。

预热可以提高焊接质量。预热温度一般为100～300℃，预热温度不能太高，否则会降低铝及铝合金的焊接强度，也会削弱其抗腐蚀性能。预热的方法可采用氧乙炔加热或电炉加热。加热区域为焊缝两侧各150mm左右，对于厚薄不等的焊件，薄的一侧不需要加热。

5.4.6 铝及铝合金焊接环境要求

铝及铝合金焊接对环境温湿度比较敏感，一般要求环境温度不低于8℃，相对湿度不高于80%，这样有利于铝及铝合金的焊接质量控制。

第6章 无损检测技术

6.1 目视检测技术

6.1.1 概述

1. 意义

目视检测就是利用眼睛的视觉加上辅助工具、仪器等对物体表面进行直接或间接观察的一种无损检测方法，如物体表面的腐蚀情况、焊缝及周边区域的不连续、表面处理情况等。

目视检测作为无损检测方法中不可或缺的一部分，适用于产品生产过程、使用过程的各个阶段，不仅可以用于铸件、锻件、坯料、棒材、管件等原材料的检查，也可应用于焊件、设备支撑、压力容器等产品的检查。

2. 时间节点

各种产品生产工序的不同导致流程的多样性，目视检测不能给出固定的时间节点。只要有可操作性，在任意时间节点都可以进行目视检测。正确的做法是将其纳入到生产工序中，此外，在役检测及损伤分析也可采用目视检测方法进行检测。

具体检测阶段如下：

1）毛坯检测。
2）入厂检测。
3）生产过程检测。
4）成品检测：最终检查、包装、发货。
5）运输：检查运输安全性。
6）交付：一般目视检测（完整性，关于损伤的控制）。
7）安装：一般目视检测，比如焊缝检查。
8）在役检测：运营监控、定期检查。
9）损伤检测：检查、损伤分析。

6.1.2 物理基础

1. 光和光线

光和人类的生产生活有着十分密切的关系，人的视觉要依靠光，人类的一切活动几乎都离不开光，人们常说"耳听为虚，眼见为实"，正反映了人对光的重要作用的认识。人类很早就开始研究光,积累了有关光的丰富的感性知识。对光的本性的认识从牛顿的微粒说,发展到惠更斯的波动说,麦克斯韦根据电磁波的性质证明,光实际上是电磁波,从此人类对光的本性有了比较正确和全面的认识。现代物理认为,光是一种具有波粒二象性的物质,即光既具有"波动性"又具有"粒子性",只是在一定的条件下某种性质显得更为突出。

光波是电磁波的一种,是具有波粒二象性的物质,既有波动性又有粒子性。波长范围在 400~760nm（1nm = 10^{-6}mm = 10Å）的电磁波能够被人眼感觉,称为"可见光",超出这个范围人眼就无法感觉得到。不同波长的光产生不同的颜色感觉。同一波长的光,具有相同的颜色,称为"单色光"。由不同波长的光混合而成的光称为"复色光",不同颜色光的波长范围如图 6-1 所示。白光是由各种不同波长的光混合而成的一种复色光。

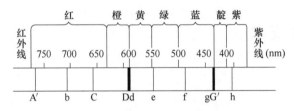

图 6-1 不同颜色光的波长范围

2. 光的反射和折射

光照射在镜子上会发生定向反射。在光滑的或被抛光的金属和非金属表面上也是这样,这就是镜面反射。在镜面反射情况下,反射角等于入射角。

光在表面反射时,只有一部分入射光被反射,还有一部分被吸收。反射损耗取决于反射面材质。例如,当波长为 500nm 时,在铝镜面层的反射损耗约为 8%,在银镜面层的反射损耗只有 3%。

结构化的粗糙表面（如纺织品或者纸张）也会反射光。光在任意方向反射,没有方向性,没有规律性,这就是所谓的漫反射。

反射发生时有特定的优先方向。镜面反射所反射的光是平行的,漫反射所反射的光是发散的（见图 6-2）。

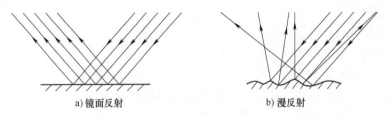

a) 镜面反射   b) 漫反射

图 6-2 光的反射

如果光以小于 90°的角度从一种透明的介质射入到另一种介质,就会发生折射。即当光从一种介质斜射入另一种介质时,它的传播方向总要发生改变。光的折射现象经常可以看到,例如玻璃杆斜插入水中,可以看出水面上下的两部分好像折成两段（见图 6-3）。

折射定律可表述为：折射光线位于折射面内,入射角的正弦和折射角的正弦之比,对于一定的两种介质来说是一个和入射角无关的常数。即

$$\sin i / \sin i' = n_{1.2} \tag{6-1}$$

式中 i——入射角（°）；

i'——折射角（°）；

$n_{1.2}$——折射率。

折射线跟入射线的延长线的交角，称为折射时的偏向角 δ。偏向角 δ 等于入射角 i 和折射角 i' 的差（见图6-4）。入射角越小，偏向角越小，入射角等于零，偏向角也等于零。就是说当光线垂直入射时，进入另一种介质的光线并不改变它原来的方向。

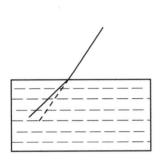

图6-3 光的折射现象

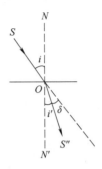

图6-4 光的折射与入射

在光的折射现象中，同样存在光路的可逆性，当光线逆着折射线（$S''O$）的方向射到界面时，一定会逆着原来入射线（OS）方向折射。

如果一束光线斜射到两介质的分界面 P 上（见图6-5），所有的光线具有相同的入射角 i，通过平面 P 折射后，按折射定律，所有折射光线显然具有相同的折射角 i'。因此，仍为一平行光束。与平行光束相垂直的入射波波面和折射波波面应该是两个平面。

光的折射可以应用于表面为球面的透镜（即球面透镜）上。例如：放大镜，可分为具有放大功能的凸透镜（即聚焦镜）如图6-6所示，具有缩小作用的凹透镜（即发散透镜）如图6-7所示。不同形式的聚焦透镜和发散透镜如图6-8所示。

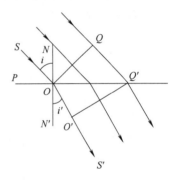

图6-5 光的折射原理

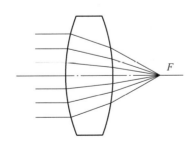

图6-6 聚焦透镜

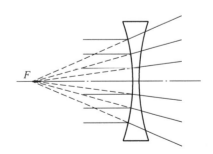

图6-7 发散透镜

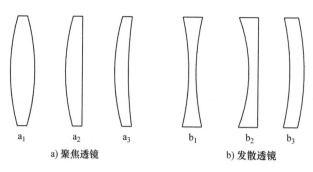

a) 聚焦透镜 b) 发散透镜

图 6-8 聚焦透镜和发散透镜

6.1.3 视力

视力主要是指中心视力,中心视力是指视网膜黄斑中心凹的视觉敏锐度,即对物体的精细分辨力。通俗地讲,是指人眼视物的能力。决定视力的主要因素是物体的大小和眼睛与物体的距离,当然物体的亮度、背景、对比度、颜色,以及人的年龄、精神状态等均会对视力产生影响。

1. 眼睛的组织及生理机能

目视检测就是人眼或人眼配合光学仪器,对工件进行表面检测,因此了解人眼的构造是非常重要的。

人的眼睛相当于一个光学仪器,它的内部构造如图 6-9 所示。

(1) 角膜　它是由角质构成的透明球面薄膜,非常薄,厚度仅为 0.55mm,折射率为 1.3771,外界光线进入人的眼睛首先要通过它。

(2) 前室　角膜后面的一部分空间,充满了折射率为 1.3374 的透明的水状液。

(3) 虹膜　位于前室后面,为扁圆形形状薄膜,其中间有一个圆孔,称为瞳孔,它是一个能自动调节的可变光阑,调节进入眼睛的光束口径,可随景物的亮暗随时进行大小的调节。一般人眼在白天光线较强时,瞳孔到视网膜 2mm 左右,夜晚光线较暗时,可放大到 8mm 左右。

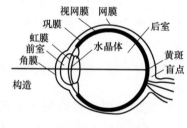

图 6-9 人眼构造

(4) 水晶体　它是由多层薄膜组成的双凸透镜,中间硬、外层软,且各层的折射率不同,中心为 1.42,最外层为 1.373。自然状态下其前表面半径为 10.2mm,后表面半径为 6mm。水晶体周围肌肉的紧张和松弛可改变前表面的曲率半径,从而使水晶体焦距发生变化。

(5) 后室　在水晶体后的空间为后室,里面充满了蛋白状液体,称为玻璃液,折射率为 1.336。

(6) 视网膜　后室的内壁为一层由视神经细胞和神经纤维构成的膜,称为视网膜,它是眼睛中的感光部分。

(7) 黄斑　正对瞳孔的一部分视网膜,呈黄色称为黄斑,其水平方向的大小约为 1mm,

垂直方向约为0.8mm，黄斑上有不大的凹部，直径约为0.25mm，称为中心凸凹，是视网膜中感光最敏感的部分。

(8) 盲点　神经纤维的出口，没有感光的细胞，所以不能产生视觉，称为盲点。用图6-10做一个简单的试验便可知道盲点的存在。闭合右眼，用左眼注视图中的"○"，前后移动图样，大约在离眼250mm处，只看到图中的圆形而不见十字，说明此位置上十字的像正好落在盲点上。

图6-10　盲点测试

从光学的角度看，眼睛中最重要的组成部分是水晶体、视网膜和瞳孔。眼睛和照相机很相似，如果对应起来看：

人眼——照相机；

水晶体——镜头；

视网膜——底片。

照相机中，正立的人在底片上成倒立像，人眼也是成倒像，但我们没有感觉眼睛看到的物体是倒立的，这是神经系统内部作用的结果。

眼睛的视场很大，可达150°，但是只有黄斑的中心凹处附近才能看清物体，眼珠可以自由转动，把黄斑中心凹和眼睛光学系统的连线称为视轴，在视轴周围6°~8°的范围内能够清晰识物。

2. 图像形成

(1) 眼睛的调节　我们观察某一物体时，物体经过眼睛在视网膜上形成一个清晰的像，视神经细胞受到光的刺激引起视觉，我们就能看清物体。眼睛能够清晰地看见不同距离的物体，这种能力称为调节。正常人的眼睛在完全松弛的情况下，能看清无限远的物体。在观察近距离的物体时，眼睛的水晶体肌肉收缩使水晶体前表面半径变小，后焦点前移，同样也能看清物体。实际上，人眼能看清的物体范围是有限的，这个范围称为调节范围。

正常人眼从无限远到250mm之内，可以轻松地调节，我们把眼睛中水晶体肌肉完全放松状态下所能看清的点称为明视远点；把眼睛中水晶体肌肉处于最紧张状态下所能看清的点称为明视近点。最适宜观察和阅读的距离为250mm，我们能在这个距离上长时间工作而不感到疲劳，这个距离称为明视距离。

(2) 眼睛的适应　人眼除了能看清不同距离的物体外，还能在不同亮暗条件下工作。眼睛所能感受的光亮度变化的范围是很大的，可达到$10^{12}:1$。这是因为眼睛对不同的亮暗具有适应能力，可分为暗适应和亮适应两种，暗适应是指从亮处到暗处，瞳孔逐渐变大，使进入眼睛的光亮逐渐增加，暗适应逐渐完成。此时，眼睛的敏感度大大提高。在暗处停留的时间越长，暗适应能力越好，对光的敏感度也越高。但是经过50~60min后，敏感度达到极限值。人眼能感受到的最低照度值称为绝对暗阈值，约为10^{-9}lx。lx相当于蜡烛在30km远处产生的照度，也就是说当忽略大气的吸收和散射时，眼睛能感受到30km远处的烛光。

同样，当从暗处进入亮处时，也不能立即适应，要产生眩目现象。但亮适应的过程很快，一般几分钟即可完成。

(3) 人眼的分辨力　眼睛具有分开很靠近的两相邻点的能力，即眼睛的分辨力。如果两物体相距太近，在视网膜上所成的两像点将落在同一视神经细胞上，视神经将无法分辨两点而把两点看成一点。当我们用眼睛观察物体时，一般用两点间对人眼的张角（视角）来表示人眼的分辨力。

试验证明,在良好的照度条件下,人眼能分辨的最小视角为1′。要使观察不太费劲,视角需2′~4′。

眼睛的分辨力随被观察物体的亮度和对比度不同而不同。当对比度一定时,亮度越大则分辨力越高;当亮度一定时,对比度越大则分辨力越高。同时,照明光的光谱成分也是影响分辨力的一个重要因素。由于眼睛有较大的色差,单色光的分辨力要比白光高,并以555nm的黄光为最高。

3. 人眼看清物体的三个条件

(1) 视场　眼睛固定注视一点或借助光学仪器注视一点时所能看到的空间范围,称为视场。眼睛能看见的空间范围比视场大。但是,并不是视场内的物体都能看得很清楚,物体的像要落在视网膜上,并且要落在黄斑中央的中心凹处,才能看清物体,这是看清楚物体的第一条件。

(2) 照度　瞳孔可以自动调节进入人眼中的光通量,光强的时候瞳孔缩小,光弱的时候瞳孔放大。瞳孔的调节范围一般是2~8mm,调节的范围就光通量可能通过的面积来说,相差不过16倍,而光的亮度变化可以在10万倍左右。因此,看清楚物体应该具有一定的照度,这是看清楚物体的第二个条件。

(3) 视角　当我们观察细小的物体时由于受到眼睛分辨力的影响,前面讨论过人眼能分辨的最小视角为1′,这就是看清楚物体的第三个条件:视角不能小于1′。

物体的视角大小不仅与物体的大小有关,同时还与物体的位置有关。当一定大小的物体向人眼移动时,其视角是增大的,但不能超过人眼的明视近点。如果在近点处观察细小的物体,其视角仍小于1′,则要借助放大镜或显微镜,将细小的物体放大后进行观察。

4. 目视检测人员的视力检查

目视检测人员的视力检查主要是指远视力、近视力和色盲的检查。

(1) 远视力检查　我国使用的是如图6-11b所示的E形视标。测试时一般采用白底黑标,照度范围为200~700lx,远视力检查距离为5m,视力表与被检眼视线垂直,1.0行视标与被检眼等高。这样,视标道宽或开口宽度Δ约为1.46mm,视角正好对应1′,即视力1.0。我国现在通用的视力表共有12行,能看清楚第1行(10′视角)者视力为0.1,看清楚第2行视力者视力为0.2,以此类推,第10行的视角1′,对应视力为1.0,一般正常视觉应能看清这一行,第11行的视力为1.2,第12行的视力为1.5。

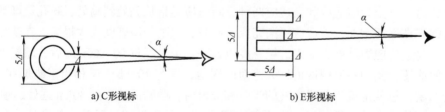

a) C形视标　　　　　b) E形视标

图6-11　视力表上用的视标

(2) 近视力检查　正常人眼的视力都差不多,但当出现远视、近视或散光等非正常情况时,视力会明显下降。ISO 9712:2012中规定检测人员的视力不论是否经过矫正,至少有一只眼睛在距离≥30cm的条件下进行近视力检查时,应能够读出Jaeger(耶格)视力表上的 1 号（J1—非常小，J20—大）或 Times Roman N4.5 或等效尺寸的视力检查符号（高 1.6mm）。

（3）色盲检查　色觉是人眼视觉的主要组成部分。色彩的感受与反应是一个充满无穷奥秘的复杂系统，辨色过程中任何环节出了毛病，人眼辨别颜色的能力就会发生障碍，称之为色觉障碍，即色弱。通常，色盲是不能辨别某些颜色或全部颜色，色弱则是指辨别颜色能力降低。

1）全色盲。不能识别颜色的色觉异常称为全色盲，全色盲者对外界的视觉要依赖杆状细胞，这种人对周围的事物没有色彩感，看周围只是个明暗的世界，在人群中全色盲者非常少见。

2）红绿色盲。不能识别红绿颜色的色觉异常叫红绿色盲，具有红绿色盲的人只能识别蓝色和黄色，对接近蓝色的蓝绿色或接近黄色的黄绿色，以及橙色，则只有蓝和黄的感觉。而对接近绿的蓝绿色，黄绿色或接近红的橙色（如果绿和红的量相当时），这时只感觉明暗而毫无彩色。

在红绿色盲者当中，能识别绿色，不能识别红色的叫红色盲（即红绿色盲第一型）；相反，能识别红色而不能识别绿色的叫绿色盲（即绿色盲第二型）。

3）蓝黄色盲。与红绿色盲相反，这种色盲患者对红绿产生色觉，而对蓝黄色不能产生色觉，这种色盲异常叫蓝黄色盲。这种色盲比较少。

4）色弱。色弱主要是辨色功能低下，比色盲的表现程度轻，也分红色弱、绿色弱等。

在照明亮度很高的情况下，颜色视觉正常者与色弱者没有多大差别。当看远方的颜色或识别低色彩的颜色，观察时间又短时，则会产生差别了。色弱表现出的异常是分辨不清。色弱也分红色弱、绿色弱等多种，特别是对比效果的影响更大。用土黄色、黄色与红色相配合，色弱者就会看到一系列绿色；相反，用土黄色、黄色和绿色相配，色弱者就会看到一系列红色。

5）色盲检查。色盲检查通常用数字辨色卡、集合图案辨色卡或动物图案辨色卡进行检查。在明亮的弥散光下（日光不可直接照到图面上）展开检查图，被检查者双眼与图的距离为 60~80cm，也可以参照具体情况酌情予以增加或缩短，但不能低于 50cm 或超过 100cm，也不得使用有色眼镜。任选一组读出图形，越快越好，一般在 3s 可得到答案，最长不超过 10s。色觉障碍者辨认困难，读错或不能读出，可按照色盲表现确认属于色觉异常。

6.1.4　目视检测装备及仪器

1. 一般目视检测的技术装备

（1）测量器具　测量装备有长度测量的测量工具，如直尺、钢卷尺（见图 6-12）、游标卡尺（见图 6-13）、激光测距仪（见图 6-14）等。

（2）放大镜　放大镜是用以放大细节的光学仪器。放大镜可以放大可视角度以及被检工件的局部细节，但限制了可视范围。图 6-15 为放大镜的光路。

立体显微镜或放大镜非常适合于较小的被检工件。

图 6-12　钢卷尺

当目标放在聚光透镜的单倍焦距以内，放大镜会产生放大的虚像。

图6-13 游标卡尺

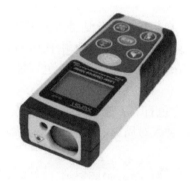

图6-14 激光测距仪

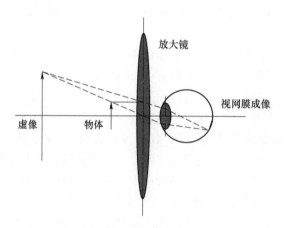

图6-15 放大镜的光路

如果放大镜要放大很多，就必须紧靠表面，这样可能会产生照明问题。因此，确定上限约为10倍放大，但常用的是3~5倍放大倍数的放大镜。图6-16表示了3倍、6倍和9倍的袖珍放大镜。

有一种适于在较远距离观察的特殊放大镜，就是远距放大镜，这种放大镜额外使用了一个发散透镜（凹透镜）作为目镜，后者会降低放大系数。

（3）光源、电筒和发光体　目视检测要求要有足够的照明，对于不采用仪器和辅助工具的简单目视检测，需要配备白炽灯。对于目视检测重要的不是灯泡或者发光体的功率，而是发光效率。有时即使灯泡功率高，但发光效率过低，该功率就不能有效转换为光，而转换为具有干扰作用的热量。

其他光源有金属蒸汽灯和氙气高压灯，其

图6-16 3倍、6倍和9倍的袖珍放大镜

发光效率高于传统的白炽灯。

对于有爆炸风险的空间或者检测对象可使用防爆光源。

如果使用发光体或者探照灯，应注意所照明的表面有均匀的亮度。使用反射灯时，灯丝常常被照射下来，被照亮的表面就可能有光斑，由于光斑在光学上与缺陷重叠在一起，缺陷就会难以辨别。

最后还要指出的是紫外光源，其主要用于荧光渗透和磁粉检测，也用于紫外内窥镜检测。

（4）反射镜　反射镜（见图6-17～图6-19）是光学辨别物体细节的另一种辅助工具，主要用于肉眼无法到达的地方，如内孔、开口、管道。反射镜可以用来观察边边角角的区域，同时还具有随被检工件形状不同而放大或缩小的可能。反射镜产生一个左右颠倒的虚像，就好像位于镜子的后面。平面镜的入射角等于出射角。弧面镜可放大（凹形：刮须镜、牙医用的口镜）或者缩小（凸形：汽车后视镜）。反射镜样式多，用途广泛。

图6-17　适用于内尺寸检测的反射镜

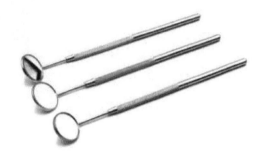

图6-18　一套内尺寸检测反射镜

（5）量规　目视检测时也用到错边尺（见图6-20）。

图6-19　反射镜

图6-20　圆形结构的错边尺

2. 专业目视检测技术装备

专业目视检测技术装备包含检测设备和辅助工具，其各自要检查的产品有关，比如锻件或者焊接接头。这关系到的不再是一般常用的测量技术，而是面向具体任务的辅助工具，如来自生产的比较图谱、用于腐蚀凹坑检查的轮廓量规和焊缝检测尺。

（1）标准试样　图6-21为回火色图谱，用于比较工作表面状态的样板以及用于比较表面缺陷的参考图片（ASTM E-435）或者目标对象专用的对比试块等均为标准试样。

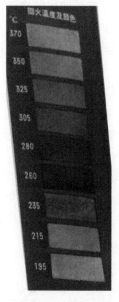

图 6-21　回火色图谱

（2）量规　典型量规如图 6-22、图 6-23 所示，包括各种类型焊缝检测尺。

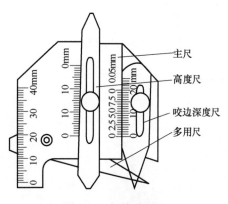

图 6-22　焊接检测尺

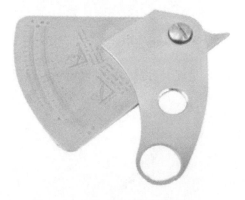

图 6-23　扇形不锈钢制焊缝检测尺

目视检测人员往往还配备一套焊缝检测工具包，适用于流动作业。

（3）显微镜技术　显微镜适用于检测较小的工件，例如，在金相学方面的应用。显微镜的放大倍数通常在 400～1000 倍。这里的放大是由物镜的放大（40 倍）和目镜的放大（10 倍）一起得出的。显微镜可以分为单目显微镜、双目显微镜、立体显微镜三种。

（4）内部空间的目视检测——内窥镜　被检工件可能会有内表面，这些内表面在检测时必须是可以接近的，至少应有引入内窥镜的开口。在很多应用中，仅对工件进行外部检查是不够的。如果有孔，用检查镜对内部空间进行检查可能会受到限制，例如，通过火花塞孔对汽车发动机的燃烧室进行检测。如果内部空间较大、较深，就可使用内窥镜进行检测。内窥镜可以使用刚性或者柔性的，可以调整为不同的长度并使用。在医药技术领域，柔性内窥镜的发展水平很高。工业用内窥镜包含刚性内窥镜和柔性内窥镜，视频内窥镜有刚性或柔性的结构。

1) 刚性内窥镜。刚性内窥镜大多是管状的（见图6-24）。目视检测人员的视线通过目镜进入一个光学系统。该光学系统由用于图像传输的透镜以及用于图像采集的带有镜子或棱镜的物镜组成。通过棱镜，可以改变观察方向（直视、侧视、前视或后视）图像传输后得到总是真实、左右方向正确的图片。按照物体距离和光学系统的不同，传输出的可能是相同大小，或缩小的，或放大的图像。观察方向和开口角度决定了视野范围。

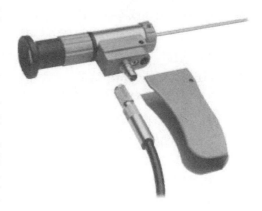

图6-24 刚性内窥镜

2) 柔性内窥镜。如图6-25所示，柔性内窥镜通过玻璃纤维图像导体实现图像传输，而非光学透镜系统。其中，每根光纤传输一个像点。图像导体线缆的纤维越多，图像质量越好，分辨力越高。如果一根光纤断裂，则该像点丢失。图像导体线缆只能整体制造，而不能像刚性内窥镜那样拼接组装。随着光纤数量减少和长度增加，图像传输质量会变差。光纤数量通常取决于内窥镜直径。依据技术结构的不同，光纤数量在几千和几十万之间，光纤直径约小于 10 μm。

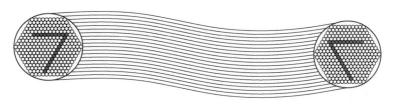

图6-25 利用玻璃纤维图像导体进行图像传输（柔性内窥镜）

3) 视频内窥镜。视频内窥镜的结构可以是刚性或柔性的，如今以柔性结构为主。图像采集通过较小的视频摄像机或CCD芯片（电荷耦合装置）实现。金属电极以绝缘的方式（例如，壳型方式）气相沉积半导体材料。如果电极在存储中产生了应力，会导致半导体中电荷载流子缺乏。入射的光子释放出电荷载流子，这些电荷载流子在贫乏区聚集，通过3D相位扫描运送到结构元件输出端。这样生成电子彩色图像，并传输到显示器上（见图6-26）。

图6-26 视频内窥镜的结构示例

6.1.5 目视检测技术的应用

1. 铸件的目视检测

铸件是指将熔化的液体金属浇注到与零件形状和尺寸相适应的模具空腔中，待其冷却凝固，以获得的毛坯或零件。铸件中常见的表面缺陷如下。

（1）黏砂　砂型的砂粒黏附在铸件表面上构成的缺陷。

（2）气孔　在铸件表面上可能呈现的凹陷，它们是金属凝固过程中，由于气体的吹力超过该处金属的压力所造成的。

（3）缺肉　金属没有充满型腔，由此产生出不够完整的铸件。

（4）错箱　铸件在砂箱分界线上的失配或因型芯位置变化以及组装时因型芯偏心而改变了规定的有型芯的截面尺寸。

（5）缩陷　由于不能补偿在凝固过程中出现的体积收缩而在铸件中造成的空洞，大而集中的空洞称为缩孔，细小而分散的空洞称为疏松。

（6）热撕裂　在完全凝固前因收缩受到限制而形成的裂纹或断裂。

2. 锻件的目视检测

锻件是指利用锻压设备上的锤头或模具对金属件施力产生塑性形变，所得到的形状、尺寸和性能都符合要求的制件。钢铁材料及非铁金属锻件中最常见的缺陷可能是由铸锭的原始状态，铸锭的随后热加工、锻造时的冷热加工引起的。

（1）钢锻件中常见的表面缺陷

1）毛细裂纹。金属轧制时，将钢锭内的皮下气泡碾长后破裂形成的。

2）折叠。金属变形过程中已氧化的表层与金属混合在一起而形成的。

3）结疤。浇注时，钢液因飞溅而凝结在钢锭表面，轧制时被压成薄膜而贴附轧材表面，即为结疤。

4）龟裂。锻件表面出现较浅的龟状裂纹。

5）裂纹。锻件中的表面裂纹有冷却裂纹、腐蚀裂纹、发纹等多种形式。

6）几何尺寸偏差。

（2）铝合金锻件中常见的表面缺陷　主要有折叠、重皮、裂口、裂纹、穿流及表面浅洼型缺陷、氧化膜等。

3. 焊接件的目视检测

在焊接过程中会产生各种影响使用性能的缺陷，如焊缝区域和与焊缝相邻的区域，即热影响区。

焊接填充材料在坡口中凝固成焊缝金属，在焊接过程中产生的热量通过母材金属传导。母材会因此在临近焊接金属的几厘米范围内被加热到很高的温度，使得其力学性能受到较大的影响（热影响区）。尤其对于高合金铁素体钢，母材会变脆，以至于可能会出现裂纹。在各种标准规范中，通常规定临近焊缝的母材在一定的范围内必须进行检测。

除了外部可见的裂纹和体积型缺陷，盖面和根部的形状误差如未焊满、根部收缩和下塌，从焊缝到母材过渡区的错边以及凹坑均为目视检测的内容。

另外，与方法相关的对质量影响很重要的缺欠有焊缝上或邻近焊缝的焊接飞溅、电弧擦伤、弧坑裂纹等也应检测。

（1）焊缝目视检测的实施

1）一般条件。对于焊缝的目视检测，必须明确检测项点和检测时间节点。借助于检测和控制计划可以有效地实施。对焊缝进行目视检测的基本条件是去除焊道上以及到母材过渡区域的熔渣。必须了解所使用的标准以及约定的质量项点。

首先要进行整体目视检测,其目的是获得对检测对象的整体印象以及了解异常;然后才进行专业的目视检测。

2)依据规范进行专业焊缝目视检测。焊缝的专业目视检测依据的标准规范如 ISO 17637:2016《焊接无损检测 熔焊连接的目视检测》、ISO 6520:2007《焊接和相关工艺 金属材料中几何缺陷的分类》或者 ISO 5817:2014《焊接 钢、镍、钛及其合金熔焊接头 缺陷质量分级》,铝焊缝依据的是 ISO 10042:2018《焊接 铝和铝合金的弧焊接头 缺陷质量分级指南》。

(2)焊缝缺欠的评定 评定类别与允许极限,以及与其他无损检测方法的关联,是通过 ISO 17635:2016 建立的。

ISO 17637:2016 本身未规定检测等级,对于焊缝的目视检测列出了一系列检测方法作为参考。这些对于估计不连续性是否在允许范围内是有帮助的,比如依据 ISO 5817:2014 表 1 的缺欠限定值,评定类别为 B、C 和 D。明显的表面缺陷,如裂纹、气孔、烧穿,可很快确认并归入相应的评定类别。

在 ISO 5817:2014 中,不连续性依据大小、长度和出现的频率分为 3 个级别,B 为要求最高、C 为中、D 为低。

依据结构设计或者客户的要求选择评定级别。

德国焊接学会(DVS)所制作的焊缝目录,使得可借助于参考图片对表面和焊缝结构进行对比,该目录不仅包括符合比例的盖面和根部图片,还有射线照片和宏观磨片。

6.1.6 目视检测的记录

1. 关于检测记录的说明

对于目视检测的结果,应编制检测报告。报告包含一般描述性内容、关于检测项点的结果(总体性和专门性的目视检测)、检测条件(如时间节点、照明条件、观察条件等)。如果对尺寸进行了测量,也要表述出来。

另外,还应列出检测辅助工具,说明对比标准。如果是按照标准规范要求进行目视检测,比如焊缝的目视检测,也应按照标准规范进行评定。必要时,应绘制示意图。

2. 检测报告

检测公司的报告一般在形式上有区分,由于报告模板不可能包括所有在检测中所做过的检测任务,不同的公司可使用不同的格式,因此每个公司可开发自己的报告。依据 ISO 17025:2017,一份报告原则上应包含以下内容。

1)关于检测目标对象的说明。如委托方、检测对象、委托单号、批号、检测编号、图号、材质、热处理、表面状况、标准和规范、检测规程、检测范围、检测等级及尺寸等。

2)检测任务。

3)关于检测技术的说明。如检测工具名称、标准试块、检测条件、检测温度、磁化和冲洗时间等。

4)关于检测结果的说明。检测结果可在坐标系上用草图标出缺陷部分。在草图上经常要给出容器或者旋转对称的检测件的展开图,不完整性的类型、出现频次、尺寸以及允许性。此外,还有关于必要维修工作的说明。

5)检测地点、检测日期、检测人员和检测监督人员的签名等。

6.2 磁粉检测

6.2.1 概述

铁磁性材料工件被磁化后，由于不连续性的存在，使工件表面和近表面的磁力线发生局部畸变而产生漏磁场，吸附施加在工件表面的磁粉，在合适的光照下形成目视可见的磁痕，从而显示出不连续性的位置、大小、形状和严重程度，如图 6-27 所示。

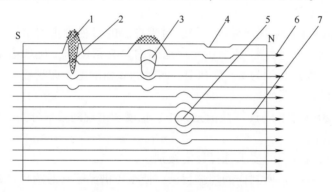

图 6-27　不连续性处漏磁场分布
1—漏磁场　2—裂纹　3—近表面气孔　4—划伤　5—内部气孔　6—磁力线　7—工件

铁磁性材料工件被磁化后，在不连续性处或磁路截面变化处，磁力线离开和进入工件表面形成的磁场称为漏磁场。磁粉检测是利用铁磁性粉末——磁粉，作为磁场的传感器，即利用漏磁场吸附磁粉形成的磁痕（磁粉聚集形成的图像）来显示不连续性的位置、大小、形状和严重程度，所以磁粉检测基础是不连续处漏磁场与磁粉的磁相互作用。

磁粉检测适用于检测铁磁性材料，不适用于检测非磁性材料；适用于检测工件表面和近表面尺寸很小，间隙极窄（如长 0.1mm、宽为微米级的裂纹）和目视难以看出的微小缺陷（裂纹、白点、发纹、折叠、疏松、冷隔、气孔和夹杂等），但不适用于检测工件表面浅而宽的划伤、针孔状缺陷、埋藏较深的内部缺陷和延伸方向与磁力线方向夹角小于 20°的缺陷。可用于未加工的原材料和加工的半成品、成品件及在役与使用过的工件，包括钢坯、管材、棒材、板材、型材和锻钢件、铸钢件及焊件的检测。

磁粉检测最基本的六个操作步骤是：预处理→磁化工件→施加磁粉或磁悬液→磁痕分析和评定→退磁→后处理。

磁粉检测具有下列优点：
1）能直观地显示出缺陷的位置、大小、形状和严重程度，并可大致确定缺陷的性质。
2）具有很高的检测灵敏度，能检测出微米级宽度的缺陷。
3）能检测出铁磁性材料工件表面和近表面缺陷。
4）综合使用多种磁化方法，检测几乎不受工件大小和几何形状的影响，能检测出工件各方向的缺陷。
5）检查缺陷的重复性好。

6) 单个工件检测速度快，工艺简单，成本低，污染小。

7) 磁粉检测——橡胶铸型法，可间断检测小孔内壁早期疲劳裂纹的产生和扩展速率。

磁粉检测的局限性如下：

1) 只能检测铁磁性材料。

2) 只能检测工件表面和近表面缺陷。

3) 受工件几何形状影响（如键槽）会产生非相关显示。

4) 通电法和触头法磁化时，易产生打火烧伤。

6.2.2 设备器材

1. 磁粉检测设备

设备按重量和可移动性分为固定式、移动式和携带式三种；按设备的组合方式分为一体型和分立型两种。

固定式探伤机的体积和重量大，额定周向磁化电流一般为1000～10000A。其能进行通电法、中心导体法、感应电流法、线圈法、磁轭法整体磁化或复合磁化等，带有照明装置、退磁装置和磁悬液搅拌、喷洒装置，有夹持工件的磁化夹头和放置工件的工作台及格栅，适用于对中小工件的检测。

移动式探伤仪额定周向磁化电流一般为500～8000A。其主体是磁化电源，可提供交流和单相半波整流电的磁化电流。附件有触头、夹钳、开合和闭合式磁化线圈及软电缆等，能进行触头法、夹钳通电法和线圈法磁化。这类设备一般装有滚轮可移动。

携带式探伤仪具有体积小、重量轻和携带方便的特点，额定周向磁化电流一般为500～2000A。适用于现场、高空和野外检测。常用的仪器有带触头的小型磁粉探伤仪，电磁轭，交叉磁轭或永久磁铁等。

2. 测量仪器

磁粉检测中涉及磁场强度、剩磁大小、白光照度、黑光辐照度和通电时间等的测量，因而还应有一些测量设备，如毫特斯拉计（高斯计）、袖珍式磁强计、照度计、黑光辐射计、通电时间测量器和快速断电试验器等。

3. 磁粉与磁悬液

（1）磁粉　磁粉是显示缺陷的重要手段，磁粉质量的优劣和选择是否恰当，将直接影响磁粉检测结果，因此，检测人员对作为磁场传感器的磁粉应进行全面了解和正确使用。磁粉的种类很多，按磁痕观察，磁粉分为荧光磁粉和非荧光磁粉；按施加方式，磁粉分为湿法用磁粉和干法用磁粉。

（2）载液　磁粉检测常用油基载液和水载液，油基载液是具有高闪点、低黏度、无荧光和无臭味的煤油。水载液是在水中添加润湿剂、防锈剂，必要时还要添加消泡剂，保证水载液具有合适的润湿性、分散性、防锈性、消泡性和稳定性。

（3）磁悬液　磁粉和载液按一定比例混合而成的悬浮液体称为磁悬液。

每升磁悬液中所含磁粉的重量（g/L）或每100mL磁悬液沉淀出磁粉的体积（mL/100mL）称为磁悬液浓度，前者称为磁悬液配制浓度，后者称为磁悬液沉淀浓度。

4. 标准试片与标准试块

用于检测磁粉检测设备、磁粉和磁悬液的综合性能（系统灵敏度）和用于检测被检工件表面的磁场方向，有效磁化区和大致的有效磁场强度。

6.2.3 磁化方法

磁粉检测的能力，取决于施加磁场的大小和缺陷的延伸方向，并与缺陷的位置、大小和形状等因素有关。工件磁化时，当磁场方向与缺陷延伸方向垂直时，缺陷处的漏磁场最大，检测灵敏度最高；当磁场方向与缺陷延伸方向夹角为45°时，缺陷可以显示，但灵敏度降低。当磁场方向与缺陷延伸方向平行时，不产生磁痕显示，发现不了缺陷（见表6-1）。

表6-1　常见磁化方法的特点与应用范围

磁化方法	特　点	应用范围	示意图（G—电源，H—磁场，F—缺陷）
通电法	将零件夹于探伤机的两接触板之间，电流从零件上通过，形成周向磁场。用于检查与电流方向平行的不连续性	适用于实心或空心零件，如铸件、锻件、机加工件、焊件、轴类、钢坯和钢管	
中心导体法	将导体穿入空心零件的孔中，并置于孔的中心，电流从导体上通过，形成周向磁场。用于检查空心零件内、外表面与电流方向平行的和端头径向的不连续性	适用于各种有孔的零件，如轴承圈、空心圆柱、齿轮、螺母、管件和阀体	
偏置中心导体法	导体通入空心零件的孔中，并贴近内壁放置，电流从导体上通过，形成周向磁场。用于局部检测空心零件内、外表面与电流方向平行的和端头径向的不连续性	适用于中心导体法检测对设备功率达不到的大型环和管件	
触头法	用支杆触头接触零件表面，通电磁化，形成周向磁场。用于发现与两触头连线平行的不连续性	适用于焊件及大型铸件、锻件和板材的局部检测	

(续)

磁化方法	特　点	应用范围	示意图（G-电源，H-磁场，F-缺陷）
环形件绕电缆法	用软电缆穿绕环形件，通电磁化，形成周向磁场。用于检测与电流方向平行的不连续性	适用于大型环形零件	
感应电流法	由于磁通变化在工件上产生的感应电流对零件进行磁化，用于发现与感应电流方向平行的不连续性	适用于直径与壁厚之比大于5的薄壁环形件、齿轮和不允许产生电弧及烧伤的零件	
线圈法	零件放在通电线圈中或用软电缆绕在零件上磁化形成纵向磁场。用于发现零件的横向不连续性	适用于纵长零件，如曲轴、轴管、棒材、铸件和焊件	
磁轭法	用固定式电磁轭两磁极夹住零件进行整体磁化或用便携式电磁轭两磁极接触零件表面进行局部磁化。用于发现与两磁极连线垂直的不连续性	整体磁化适用于零件横截面小于磁极横截面的纵长零件。局部磁化适用于对大型零部件的检测	
多向磁化法	同时在零件上施加两个或两个以上不同方向磁场，其合成磁场的方向在零件上不断地变化着，一次磁化可发现零件上不同方向的不连续性	适用于管材、棒材、板材、焊件及大型铸件与锻件	

由于工件中缺陷有各种取向，难以预知，故应根据工件的几何形状，采取不同的方法直接、间接或通过感应电流对工件进行周向、纵向或多向磁化，以便在工件上建立不同方向的

磁场，发现所有方向的缺陷，于是发展了各种不同的磁化方法。

6.3 渗透检测

6.3.1 概述

由于毛细管作用，涂覆在洁净、干燥零件表面上的荧光（或着色）渗透液会渗入到表面开口缺陷中；去除零件表面的多余渗透液，并施加薄层显像剂后，缺陷中的渗透液回渗到零件表面，并被显像剂吸附，形成放大的缺陷显示；在黑光（或白光）下观察显示，可确定零件缺陷的分布、形状、尺寸和性质等。

渗透检测的基本步骤包括：预处理、渗透、去除、干燥、显像、检测和后处理。

渗透检测主要用于检测各种非多孔性固体材料制件的表面开口缺陷，适用于原材料、在制零件、成品零件和在用零件的表面质量检测。

渗透检测的主要功能是检测零件的表面质量。

渗透检测的优点：缺陷显示直观；检测灵敏度高；可检测的材料与缺陷范围广；一次操作可检测多个零件，可检测多方位的缺陷；操作简单等。

渗透检测的缺点：只能检测零件的表面开口缺陷；一般只能检测非多孔性材料；对零件和环境有污染等。

6.3.2 设备器材

1. 渗透液

渗透检测中，涂覆在零件表面上，能渗入表面开口缺陷中并再回渗到零件表面的染料溶液称为渗透液（或称为渗透剂）。

按渗透液所含染料，将渗透液分为两大类别：荧光渗透液和着色渗透液；按渗透液的去除方法，将渗透液分为四种类型：水洗型（亦称自乳化型）渗透液、亲油性后乳化型渗透液、溶剂去除型渗透液和亲水性后乳化型渗透液；按渗透液的灵敏度等级，将荧光渗透液分为五个灵敏度等级：最低级（1/2级）、低级（1级）、中级（2级）、高级（3级）和超高级（4级）。着色渗透液不分灵敏度等级。

渗透液的主要组分是染料、溶剂、表面活性剂及互溶剂等辅助组分。水洗型渗透液中加入一定量的表面活性剂作为乳化剂。

2. 去除剂

渗透检测中，用来去除零件表面多余渗透液的溶剂称为去除剂。

很显然，对于水洗型渗透液，去除剂就是水；对于后乳化型（亲水性或亲油性）渗透液，去除剂则是乳化剂和水；而对于溶剂去除型渗透液，去除剂就是配套的某种溶剂。溶剂去除剂通常分为含卤溶剂去除剂、不含卤溶剂去除剂和特殊应用去除剂三类。

溶剂去除剂应具有的综合性能主要包括：对渗透液中的染料有足够的溶解性，对渗透液中的溶剂有很好的互溶性，对渗透液中的各种组分不产生化学反应，对渗透液的荧光亮度（或着色色度）不产生降低作用。

3. 乳化剂

能够起乳化作用的表面活性剂称为乳化剂。

渗透检测采用的乳化剂具有乳化和洗涤两种作用，是非离子型表面活性剂，分为亲水性乳化剂和亲油性乳化剂两种类型。其中，亲水性乳化剂也称为水包油型乳化剂，适用于亲水性后乳化型渗透液的去除，一般用水稀释后再使用，稀释的浓度取决于零件的大小、数量、表面粗糙度及施加方法等；亲油性乳化剂也称为油包水型乳化剂，适用于亲油性后乳化型渗透液的去除，一般不稀释，直接使用。

乳化剂应具有的综合性能包括：性能稳定、与渗透液兼容、良好的乳化性和洗涤性、较高的污水量、耐渗透液污染、高闪点、低挥发、无腐蚀、无毒及无不良气味等。

4. 显像剂

在渗透检测中，去除零件表面多余渗透液后，被施加到零件表面上，能够加速渗透液回渗、放大显示和增强对比度的材料称为显像剂。

显像剂分为干式与湿式两种形式，湿式显像剂分为水基和非水基两类。

6.3.3 检测技术

1. 渗透检测的时机

合理地安排渗透检测工序，选择最有利的时机进行渗透检测，不仅是渗透检测有效性的重要保证，而且是简化预处理，降低生产成本的有效措施。渗透检测工序一般应安排在焊接、热处理、矫形、磨削、机械加工等工序完成之后，因为这些工序可能使零件产生表面不连续性或使已有的缺陷扩展；渗透检测工序一般应安排在吹砂、喷丸、抛光、阳极化、涂层和电镀等工序之前，因为这些工序会掩盖零件表面的不连续性或降低检测灵敏度。铸件、焊件和热处理件，渗透检测之前可以采用吹砂的方法去除表面氧化皮，但吹砂后的关键零件需要先进行浸蚀，然后再进行渗透检测；机械加工后的铝、镁、钛合金和奥氏体不锈钢关键零件，需要先进行酸浸蚀或碱浸蚀，然后再进行渗透检测；使用中的零件，需要先去除表面的积炭、氧化层和涂层（阳极化保护层可不去除），然后再进行渗透检测；制造过程中需要进行浸蚀检测的零件，应当紧接浸蚀检测工序之后进行渗透检测。

2. 检测工艺流程

由于渗透液去除方法的不同，荧光渗透检测和着色渗透检测都有水洗法（A方法）、亲油性后乳化法（B方法）、溶剂去除法（C方法）和亲水性后乳化法（D方法）四种不同工艺流程的检测方法。由于显像方法的不同，每种检测方法有其各自的工艺流程。每种检测方法的工艺流程如图6-28所示。由流程图可以看出，只有渗透液去除方法与显像方法都选定之后，检测的工艺流程才能完全确定。

（1）预处理　需要进行渗透检测的零件表面必须清洁、干燥。零件表面上的污染和附着物，如油污、油脂、涂层、腐蚀产物、氧化物、金属污物、焊剂、化学残留物等会妨碍渗透液进入零件缺陷内，影响染料性能，或产生不良背景。因此，渗透处理之前，零件的表面或局部表面（进行局部检测时）必须进行预处理。

（2）渗透处理　施加渗透液的方法可以是浸涂、喷涂、刷涂或流涂。可根据零件的尺寸、形状、批量和检测要求，以及所选用渗透液的类型、检测场所的条件等因素，选择合适的方法施加渗透液。

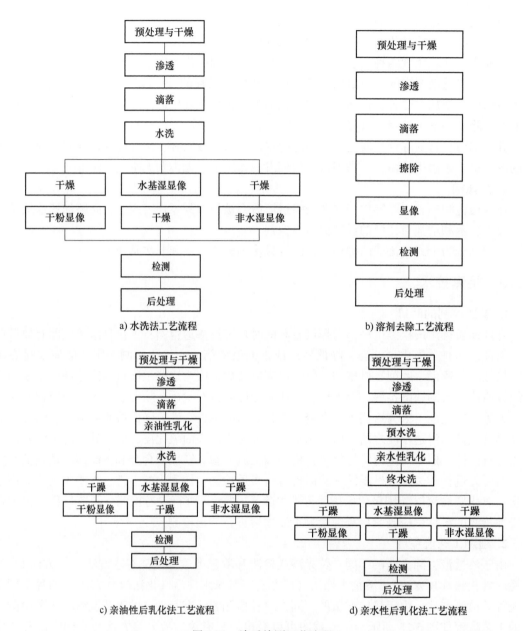

图 6-28 渗透检测工艺流程

(3) 去除处理 渗透处理结束后,应根据渗透液的类型,采取相应的方法去除零件表面多余的渗透液。

1) 水洗法（A法）。对于水洗型渗透液,渗透结束后,直接用水清洗即可去除零件表面多余的渗透液。

2) 溶剂去除法（C法）。对于溶剂去除型渗透液,渗透结束后采用擦拭的方法,用配套的溶剂去除剂,去除零件表面多余的渗透液。

(4) 干燥处理 施加干粉显像剂和非水湿显像剂之前,零件应进行干燥;施加水溶性湿显像剂和水悬浮性湿显像剂之后，零件均应进行干燥；采用自显像工艺时，去除处理之后，目视检测之前，零件应进行干燥。

(5) 显像处理

1) 干粉显像。可以采用喷粉箱喷粉、静电喷粉、手工撒粉或埋粉等方法将显像粉施加到干燥的零件表面上，使零件表面形成薄而均匀的显像粉涂层。过多的显像剂，可用压缩空气轻轻吹拂的方法去除，也可用轻抖、轻敲零件的方法去除。

2) 非水湿显像。非水湿显像剂宜采用喷涂的方法施加。

(6) 检测

1) 观察。为了保证检测的可靠性，着色渗透检测时，零件待检表面上的白光照度应≥1000 lx。荧光渗透检测时，需要一个环境白光照度≤20 lx 的暗室或暗区；零件待检表面上的黑光辐照度应≥$1000\mu W/cm^2$，采用自显像工艺时，应≥$3000\mu W/cm^2$；检测人员从明室进入暗室或暗区，经过一段暗适应时间（一般≥1min）之后，眼睛的分辨力才可恢复，才能开始工作。另外，在黑光下工作的人员应戴防紫外线眼镜，防止黑光直接入射或反射进眼睛，减小眼睛疲劳，保证眼睛的分辨力。

必须在规定的显像时间内，观察完所有显像的零件，未观察完的零件需要从预处理开始重新处理。过长的显像时间，会使显示的边缘变得模糊、不清晰、漏检微小的缺陷。

2) 解释。就是对渗透显示的类别和产生显示的原因进行说明。

通常将渗透检测的显示分为下列三类：

第一，虚假显示。由于检测人员的手、检测台、检测工具、显像剂被渗透液污染，操作中渗透液的飞溅，相邻零件显示的接触等原因，引起零件污染产生的渗透液显示。

第二，不相关显示。由零件外形结构（键槽、花键、装配缝隙等）允许的加工痕迹（压痕、压印、铆接印等），允许的表面划伤、刻痕、凹坑、毛刺、焊斑、氧化皮等引起的渗透液显示。

第三，相关显示。由零件表面上的裂纹、折叠、分层、冷隔、夹杂、气孔、针孔及疏松等引起的渗透液显示。

3) 评定。对于无显示或仅有假显示和非相关显示的零件应准予验收。对于有相关显示的零件，应借助于显示比较尺等工具，对显示的尺寸和分布进行测量、统计，按验收标准进行评定，得出合格或不合格结论。

4) 记录、报告与标志。解释和评定之后，可以采用文字描述、示意图、塑料膜显像及照相等方法记录全部检测的结果。检测记录应归档保存，以供追溯查阅。同时向委托单位提供包括评定结论等内容的检测报告。

符合验收标准被接受的零件，都要制作标志，可以采用压印、蚀刻、涂色或其他方法制作标志。在一般情况下，采用的规范、零件的图样或其他设计文件中已规定了标志符号和标志部位。

(7) 后处理　渗透检测后，零件应进行清理，去除对后续工序和零件使用有影响的残留物。对于多数显像剂和渗透液残留物，采用压缩空气吹拂或水洗的方法即可去除。水洗过的零件应立即进行干燥，以防腐蚀。对于某些需要重复进行渗透检测的零件，使用环境特殊的零件，应当用溶剂进行彻底清洗。

6.4 超声波检测

6.4.1 概述

超声波检测方法利用进入被检材料的超声波（>20000Hz）对材料表面与内部缺陷进行检测。利用超声波进行材料厚度的测量也是常规超声波检测的一个重要方面。此外，作为超声波检测技术的特殊应用，超声波还用于材料内部组织和特性的表征。

利用超声波对材料中的宏观缺陷进行探测，依据的是超声波在材料中传播时的一些特性，如：声波在通过材料时能量会有损失，在遇到两种介质的分界面时，会发生反射等，常用的频率为 0.5~25MHz。

以脉冲反射技术为例，由声源产生的脉冲波被引入被检测的试件中后，若材料是均质的，则声波沿一定的方向，以恒定的速度向前传播。随着距离的增加，声波的强度由于扩散和材料内部的散射和吸收而逐渐减小。当遇到两侧声阻抗有差异的界面时，则部分声能被反射。这种界面可能是材料中某种缺陷（不连续），如裂纹、分层、孔洞等，也可能是试件的外表面与空气或水的界面。反射的程度取决于界面两侧声阻抗差异的大小，在金属与气体的界面上几乎全部反射。通过探测和分析反射脉冲信号的幅度、位置等信息，可以确定缺陷的存在，评估其大小、位置。通过测量入射声波和接收声波之间声传播的时间可以得知反射点距入射点的距离。

通常用以发现缺陷并对缺陷进行评估的主要信息为：来自材料内部各种不连续的反射信号的存在及其幅度；入射信号与接收信号之间的声传播时间；声波通过材料以后能量的衰减。

与其他无损检测方法相比，超声波检测方法的主要优点如下。

1）适用于金属、非金属、复合材料等多种材料制件的无损评价。

2）穿透能力强，可对较大厚度范围的试件内部缺陷进行检测，可进行整个试件体积的扫查。如对金属材料，既可检测厚度 1~2mm 的薄壁管材和板材，也可检测几米长的钢锻件。

3）灵敏度高，可检测材料内部尺寸很小的缺陷。

4）可较准确地测定缺陷的深度位置，这在许多情况下是十分需要的。

5）对大多数超声波技术的应用来说，仅需从一侧接近试件。

6）设备轻便，对人体及环境无害，可作现场检测。

超声波检测的主要局限性如下：

1）由于纵波脉冲反射法存在的盲区，以及缺陷取向对检测灵敏度的影响，对位于表面和非常近表面的延伸方向平行于表面的缺陷常常难于检测。

2）试件形状的复杂性，如小尺寸、不规则形状、粗糙表面、小曲率半径等，对超声波检测的可实施性有较大影响。

3）材料的某些内部结构，如晶粒度、相组成、非均匀性、非致密性等，会使小缺陷的检测灵敏度和信噪比变差。

4）对材料及制件中的缺陷作定性、定量表征，需要检测者较丰富的经验，且常常是不准确的。

5) 以常用的压电换能器为声源时,为使超声波有效地进入试件,一般需要有耦合剂。

6.4.2 设备器材

一个超声波检测系统必须具有的组件为:超声波检测仪(其中包括脉冲发射源、接收信号的放大装置、信号的显示装置等)、探头(电声转换器)和对比试块。

1. 超声波检测仪

超声波检测仪是专门用于超声波检测的一种电子仪器,它的作用是产生电脉冲并施加于探头使其发射超声波,同时接收来自于探头的电信号,经放大处理后显示在荧光屏上。

超声波检测仪器按照其指示的参量可以分为三类,第一类指声波的穿透能量,称为穿透式检测仪;第二类指频率可变的超声连续波在试件中形成共振的情况,用于共振法测厚;第三类指反射声波的幅度和传播时间,称为脉冲反射式检测仪。前两种仪器现在已很少使用了,目前应用最广泛的是脉冲反射式检测仪。

脉冲反射式检测仪的信号显示方式可分为 A、B、C 三种类型,又称为 A 扫描、B 扫描、C 扫描。

A 型显示是将超声波信号的幅度与传播时间的关系以直角坐标的形式显示出来。横轴为时间,纵轴为信号幅度。如果超声波在均质材料中传播速度是恒定的,则传播时间可转变为传播距离。因此,从 A 型显示中可以得到反射面距声入射面的距离(纵波垂直入射检测时缺陷的深度),以及回波幅度的大小(用来判断缺陷的当量尺寸)。A 型显示具有检波与非检波两种形式,非检波是脉冲信号的原始形式,可用于分析信号特征,检波形式则较为清晰简单,便于判断信号的存在及读出信号幅度。

(1) A 型脉冲反射式超声波检测仪 图 6-29 所示为普通 A 型脉冲反射式超声波检测仪的基本电路框图。可见,一台 A 型脉冲反射式超声波检测仪主要组成部分是发射电路、接收电路、时基电路(又称扫描电路)、同步电路以及显示器,此外必不可少的还有电源。

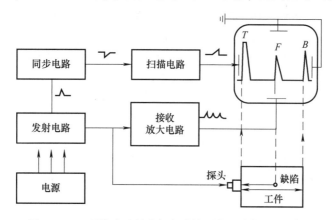

图 6-29 A 型脉冲反射式超声波检测仪的基本电路框图

仪器的工作原理为:首先由同步电路以给定的频率(仪器的脉冲重复频率)产生周期性同步脉冲信号,该信号一方面触发发射电路产生激励电脉冲加到探头上产生脉冲超声波,另一方面控制时基电路产生锯齿波加到示波管 X 轴偏转板上,使光点从左到右随时间移动。

超声波通过耦合剂射入试件，反射回波由已停止激振的原探头接收（单探头工作方式）或由另一探头（双探头工作方式）接收，转换成相应的电脉冲，经放大电路放大加到示波管的 Y 轴偏转板上，此时，光点不仅沿 X 轴按时间线性移动，而且受 Y 轴偏转电压的影响在垂直方向运动，从而产生幅度随时间变化的波形。根据反射回波在时间基线上的位置可确定反射面与超声波入射面的距离，根据回波幅度可确定回波声压大小。

由图 6-29 可以看出，由于超声波脉冲自身有一定宽度，在深度方向上分辨两个相邻信号的能力有一个最小限度（最小距离），称为分辨力。在超声波进入面附近，由于发射脉冲非常强，宽度较大，加上发射脉冲进入接收电路放大器后产生的阻塞，使得距入射面一段深度范围内的缺陷信号不能显现，该段距离称为盲区。

（2）数字式超声检测仪 近年来，数字式仪器发展很快，有逐步替代模拟式仪器的趋势。所谓数字式超声波检测仪主要是指发射、接收电路的参数控制和接收信号的处理、显示均采用数字化（方式）的仪器。从电路上看，数字式仪器的发射电路和接收放大电路的前半部分与模拟式仪器相同，但信号经放大到一定程度后，则由模/数转换器将其变为数字信号，由微处理器进行处理后，在点阵式显示器上显示出来。由于数字式仪器不采用传统的示波管显示，因此不需要时基电路，其发射电路和模/数转换的同步控制可由微处理器进行。

2. 探头

（1）换能器 超声波探头是用来产生与接收超声波的器件，是组成超声波检测系统的最重要的部分之一，探头的性能直接影响到发射的超声波的特性，影响到超声波的检测能力。探头中的关键部件是换能器，最常用的是压电换能器，又称为压电晶片，是一个具有压电特性的单晶或多晶体薄片或薄膜。常用材料为石英单晶、锆钛酸铅陶瓷等。

压电换能器将电脉冲转换为超声波脉冲，再将超声波脉冲转换为电脉冲，也就是实现了电能和声能的相互转换。压电换能器进行电声能量转换的原理是利用某些晶体在机械变形时会产生电压的特性，以及相反地，在交变电压作用下会产生机械伸缩的特性，称为压电效应和逆压电效应。

（2）探头的类型 根据探头的结构特点和用途，可将探头分为多种类型，其中最常用的是接触式纵波直探头、接触式斜探头、双晶探头、水浸平探头与聚焦探头。

接触式纵波直探头用于发射垂直于探头表面传播的纵波，以探头直接接触工件表面的方式进行垂直入射纵波检测。纵波直探头主要参数是频率和晶片尺寸，按晶片类型不同、接触面保护膜的不同、频谱特征不同、外形尺寸和电缆接头的不同等，可分为不同的系列。

接触式斜探头包括横波斜探头、瑞利波（表面波）探头、纵波斜探头、兰姆波探头等，其共同特点是压电晶片贴在一有机玻璃斜楔上，晶片与探头表面（声束射出面）成一定倾角。晶片发出的纵波倾斜入射到有机玻璃与工件的界面上，经折射与波形转换，在工件中产生传播方向与表面呈预定角度的一定波形的声波。根据斯奈尔定律，对给定材料，斜楔角度的大小决定着产生的波形与角度；对同一探头，被检材料的声速不同，也会产生不同的结果。斜探头的主要参数是频率、晶片尺寸和声波入射角，横波斜探头有时以钢中折射角表示。

双晶探头是在同一个探头内采用两个晶片一发一收的方式进行工作的探头。这种方式发射电脉冲不再进入接收电路，避免了盲区问题，可以用于检测近表面缺陷和进行薄板测厚。除频率和晶片尺寸以外，双晶探头的一个重要参数是两个晶片声束汇聚区的范围，它决定着可检测的深度范围。探头设计时通过改变两个晶片的夹角，可以改变这一范围。

（3）探头的连接与耦合 探头与检测仪间的连接需采用高频同轴电缆，电缆的长度、种类的变化会引起探头与检测仪间阻抗匹配情况的改变，从而影响检测灵敏度，因此，应选用专用电缆，且在检测过程中不可任意更换，如果更换，应考虑重新进行仪器状态调整。

探头与工件间的声耦合需采用耦合剂，目的是以液体置于探头与工件之间代替空气间隙，增大声能的透过率，使声波更好地传入工件。接触法中常用耦合剂有机油、甘油、水玻璃等。水浸法中水就是耦合剂，有时也采用油进行液浸法检测，但对高频声波衰减较大。

3. 标准试块与对比试块

与一般的测量过程一样，为了保证检测结果的准确性与可重复性、可比性，必须用一个具有已知固定特性的试样（试块）对检测系统进行校准。超声波检测用试块通常分为两种类型，即标准试块（校准试块）和对比试块（参考试块）。

标准试块是具有规定的材质、表面状态、几何形状与尺寸，可用以评定和校准超声波检测设备的试块。标准试块通常由权威机构讨论通过，其特性与制作要求有专门的标准规定。如图6-30所示为国际焊接学会ⅡW试块。利用该套试块，可以进行超声波检测仪时基线性与垂直线性的测定，斜探头入射点、钢中折射角的测定，探头距离幅度特性和声束特性的测定，仪器探测范围的调整，检测灵敏度的调整等。

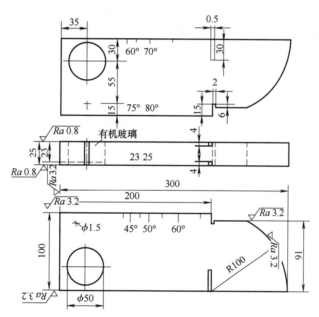

图6-30 ⅡW试块

对比试块是以特定方法检测特定试件时所用的试块，它与受检件或材料声学特性相似，含有意义明确的参考反射体（平底孔、槽等），用以调节超声波检测设备的状态，保证扫查灵敏度足以发现所要求尺寸与取向的缺陷，以及将所检出的缺陷反射信号与已知反射体所产生的信号相比较。

6.4.3 检测技术

超声波检测技术有多种分类的方法：按其原理可分为脉冲反射法、穿透法、共振法；按波形可分为纵波检测、横波检测、瑞利波检测、兰姆波检测；按耦合方式又可分为接触法、液浸法等。

为了完成一项检测任务，首先需根据检测对象的形状、尺寸、材质以及需检测的缺陷特征，选择适当的检测技术，也就是确定波形、入射方向、用于显现缺陷的超声波特征量（幅度、时间、衰减）以及耦合方式、显示方式等，以便最大可能地实现检测的目的。之后，需选择适当的仪器、探头、耦合剂，设计适当形式的对比试块，确定正确的操作步骤与方法（包括试件准备、仪器调整、扫查方式、缺陷信号的评定方法、记录方法）。需编制检测规程或检测工艺卡，将上述内容以文件形式固定下来，以指导操作者正确地完成检测过程，得到可靠的检测结果。

1. 脉冲反射法与穿透法

脉冲反射法是由超声波探头发射脉冲波到试件内部，通过观察来自内部缺陷或试件底面的反射波的情况来对试件进行检测的方法。图 6-31 显示了接触法单探头直射声束脉冲反射法的基本原理。当试件中不存在缺陷时（见图 6-31a），显示波形中仅有发射脉冲 T 和底面回波 B 两个信号。而当试件中存在缺陷时，在发射脉冲与底面回波之间将出现来自缺陷的回波 F（见图 6-31b）。通过观察 F 的高度可对缺陷的大小进行评估，通过观察回波 F 距发射脉冲的距离，可得到缺陷的埋藏深度。当材质条件较好且选用探头适当时，脉冲回波法可观察到非常小的缺陷回波，达到很高的检测灵敏度。但是，脉冲反射法不可避免的一个问题是存在盲区。

穿透法通常采用两个探头，分别放置在试件两侧，一个将脉冲波发射到试件中，另一个接收穿透试件后的脉冲信号，依据脉冲波穿透试件后能量的变化来判断内部缺陷的情况。当材料均匀完好时，穿透波幅度高且稳定；当材料中存在一定尺寸的缺陷或存在材质的剧烈变化时，由于缺陷遮挡了一部分穿透声能或材质引起声能衰减，所以可使穿透波幅度明显下降甚至消失。很明显，这种方法无法得知缺陷深度的信息，对于缺陷尺寸的判断也是十分粗略的。

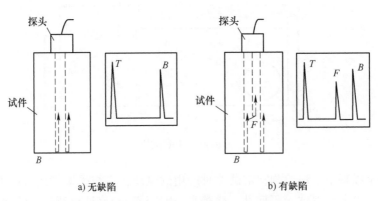

a) 无缺陷　　　　　　　　b) 有缺陷

图 6-31　接触法单探头直射声束脉冲反射法

脉冲反射法具有检测灵敏度高，可对缺陷精确定位，操作方便，只需单面接近试件，适用于各种形状等优点，在近表面分辨力和灵敏度满足要求的情况下，脉冲反射法是最好的选择。穿透法的优势在于不存在盲区问题，缺陷的取向对穿透衰减影响不大，同时，仅在试件中通过一次，比反射法减少一半的材质衰减。因此，穿透法适用于薄板类，要求检测缺陷尺寸较大或衰减较大的试件，如复合材料薄板及蜂窝结构。

除了接触法单探头直射声束法以外，脉冲反射法还可与斜射声束法、双探头法、液浸法等相结合，是最常用、最基本的超声波检测技术。

2. 直射声束法与斜射声束法

使声束轴线垂直于检测面进入试件进行检测的方法，称为直射声束法。直射声束法可以是单晶直探头脉冲反射法、双晶探头脉冲反射法和穿透法。通常所谓纵波检测，即是指直射声束纵波脉冲反射法。直射声束法的耦合方式可为接触法或水浸法。直射声束脉冲反射法主要用于铸件、锻件、轧制件的检测，适用于检测平行于检测面的缺陷。由于波形和传播方向不变，所以缺陷定位比较方便、准确。对于单直探头检测，由于声场接近于按简化模型进行理论推导的结果，所以可以对缺陷尺寸进行当量评定。

使声束以一定入射角（大于0°）进入检测面，并利用在试件中沿与检测面成一定角度的方向传播的波进行检测的方法称为斜射声束法。根据角度选择的不同，试件中产生的波形可同时有纵波与横波，也可为纯横波或表面波。横波检测通常使入射角在第一临界角和第二临界角之间，以便在工件中产生纯横波。斜射声束法主要用于管材、焊缝的检测，其他试件检测时，常作为一种有效的辅助手段，以发现与检测面呈较大倾角的缺陷。

6.5 射线检测

6.5.1 概述

从1895年伦琴发现了X射线后，X射线很快开始了医疗应用，约从1930年射线照相检测技术广泛应用于工业检测，至今已发展成完整的射线检测技术。20世纪90年代以后，射线检测技术进入新的发展阶段，其基本特点是数字射线检测技术。

目前，射线检测技术可划分为：射线照相检测技术、射线实时成像检测技术、层析射线检测技术、辐射测量技术四部分。

射线检测技术在工业与科学研究等方面的主要应用类型包括：
1）缺陷检测：铸造、焊接等各种工艺缺陷检测。
2）测量：厚度在线实时测量、结构与尺寸测定、密度测量等。
3）检查：机场、车站、海关安全检查。
4）动态研究：弹道、爆炸、核技术、铸造工艺等动态过程。

射线检测技术不仅可用于金属材料（黑色金属和有色金属）检测，也可用于非金属材料和复合材料的检测，特别是它还可以用于放射性材料的检测。由于检测技术对被检工件或试件的表面和结构没有特殊要求，所以它可以应用于各种产品及缺陷的检测。在工业中，应用最广泛的方面是铸件和焊件的检测。其对于体积形缺陷敏感，检验面状缺陷时则必须考虑射线束的方向，当射线束与缺陷平面的夹角较大时，容易发生漏检，特别是对于开裂较小的裂纹性缺陷。目前，射线检测技术广泛地应用于铁道、机械、兵器、造船、电子、核工业及航空航天等各工业领域，在某些问题中（例如，电子元器件的装配质量、复杂的金属与非金属结构质量等），它是目前唯一可行的检测技术。直到现在，射线照相检测仍是工业中采用的最主要的射线检测技术。但近年来，随着射线检测技术的发展，射线实时成像检测技术已在一些重要方面发挥着越来越大的作用。

射线检测技术与其他常规无损检测技术比较，具有的主要特点是：
1）检测技术对被检测工件的材料、形状、表面状态无特殊要求。
2）检测结果显示直观。
3）检测技术和检测工作质量可以自我监测。

在应用中，射线检测技术需要考虑的主要问题是辐射防护问题。必须严格注意防止发生辐射事故。

6.5.2 设备器材

1. X射线机

工业射线照相检测中使用的低能X射线机主要由四部分组成：射线发生器（X射线管）、控制系统、高压发生器、冷却系统。按照X射线机的结构特点，X射线机常分为携带式X射线机、移动式X射线机、固定式X射线机三种。

X射线机的核心部分是X射线管，X射线管的基本结构如图6-32所示。

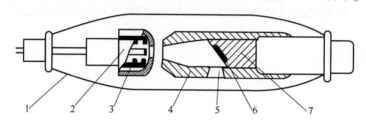

图6-32 X射线管的结构

1—玻璃管壳 2—聚焦杯 3—阴极灯丝 4—阳极罩 5—窗口 6—阳极靶 7—阳极体

阴极由灯丝和一定形状的金属电极——聚焦杯构成；阳极主要由阳极体、阳极靶和阳极罩构成。阳极靶采用钨制作，阳极靶紧密镶嵌在阳极体上。阳极靶直接承受高速电子的撞击，电子绝大部分能量在它上面转换为热，阳极靶必须耐高温。

2. 工业射线胶片

工业射线胶片由片基、黏结剂、乳剂层、保护层构成，片基一般为透明塑料，乳剂层是卤化银感光物质以极细颗粒均匀分布的明胶层，黏结剂将乳剂层黏结在片基上，保护层是一层极薄的明胶层。核心部分是乳剂层，它决定了胶片的感光性能。

射线胶片与普通胶片除了感光乳剂成分有所不同外，乳剂层厚度还远大于普通胶片的乳剂层厚度，多是双面涂布乳剂层，这主要是为了能更多地吸收射线的能量。

在描述胶片感光特性之前，需要先建立黑度（光学密度）概念。

胶片经过曝光和暗室处理后称为底片，对射线照相则常称为射线照片。由于底片上各处的金属银密度不同，所以各处透光的程度也不同。底片的黑度即是底片的不透明程度，它表示了金属银使底片变黑的程度，所以光学密度通常简单地称为黑度。

黑度（光学密度）D定义为入射光强度L_0与透射光强度L之比的常用对数之值，即

$$D = \lg(L_0/L) \tag{6-1}$$

例如，底片黑度为2，则L_0/L应为100。

3. 像质计

测定射线照片的射线照相灵敏度，采用的是像质计（像质指示器，透度计）。目前最广泛使用的像质计主要有丝型像质计、阶梯孔型像质计、平板孔型像质计三种。

常用的丝型像质计是将 1～16 号丝分成三组：1～7、6～12、10～16，每个像质计包含其中一组丝，适用于不同的厚度，如图 6-33 所示。

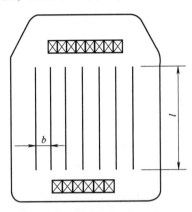

图 6-33　丝型像质计的基本样式

注：b 为上间距，l 为丝长。

6.5.3　检测技术

1. 射线照相检测工艺的基本过程

常规射线照相检测工艺主要包括以下过程。

（1）准备　①理解被检工件的技术文件，确定射线照相检测依据的标准，进而做好技术准备；②编制射线透照技术卡（或称为工艺卡），规定射线透照的具体技术。

（2）透照　按照工艺（技术）卡的规定完成射线照相，简称为透照，也常称为曝光。

（3）暗室处理　对已曝光的胶片在暗室进行显影、定影等处理，使胶片成为射线照片，得到被透照物体的射线照相影像，射线照片通常称为底片。

（4）评片　观察射线照片，识别、记录射线照片给出的信息，按照有关技术文件或标准对被检工件的质量进行评定。

（5）报告与文件归档　依据评片结果签发检验结论报告，整理有关技术资料，完成文件归档工作。

2. 射线照相检测的基本透照布置

射线照相的基本透照布置如图 6-34 所示。图中 Φ 为射线源的焦点；T 为工件厚度；F 为射线源焦点至胶片的距离，一般称为焦距；f 为射线源焦点至工件源侧表面的距离；L 为一次透照区，当其满足规定的要求时，则称为有效透照区；θ 射线中心束与透照区边区射线束构成的角度，常称为照射角。实际的透照布置还必然包括控制散射线的措施。透照布置的基本原则是：应使透照厚度尽可能小，从而使射线照相能更有效地对缺陷进行检测。当然，同时也必须有适当的工作效率，图 6-35 为具体透照布置。在具体进行透照布置时主要应考虑射线源、工件、胶片的相对位置；射线中心束的方向；有效透照区；散射线控制。

中心射线束在一般情况下应指向有效透照区的中心，这主要是为了使整个有效透照区的透照厚度变化较小，使射线的照射角较小，以提高整个透照范围内缺陷的可检测性。有效透照区，即一次透照的有效透照范围，在有效透照区内射线照片上形成的影像必须满足相应要求的区域，黑度处于规定的范围，射线照相灵敏度符合规定的要求。

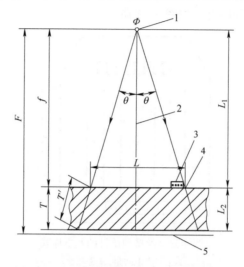

图 6-34　射线照相的基本透照布置
1—射线源　2—中心束　3—像质计　4—工件　5—胶片

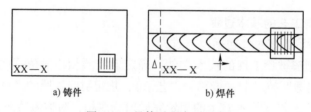

图 6-35　具体透照布置示意

3. 透照参数

射线照相检测的基本透照参数是：射线能量、焦距、曝光量，它们对射线照片的质量具有重要影响。采用较低能量的射线、较大的焦距、较大的曝光量，可以得到更好质量的射线照片。

射线能量是指透照时所采用的射线的能量，对于 X 射线以 X 射线管所施加的高压，即管电压，一般称它为透照电压。γ 射线是 γ 射线源辐射的主要 γ 射线的能量或这些主要能量的平均（等效）能量。推荐选取射线能量的原则，是在保证射线具有一定穿透能力条件下选用较低的能量。

焦距，即射线源与胶片之间的距离。焦距直接影响射线照相的几何不清晰度值，进而可影响总的不清晰度值和小细节的射线照相对比度。

4. 缺陷识别

正确地识别射线照片上的影像，判断影像所代表的缺陷性质，需要丰富的实践经验和一定的理论基础。理论基础主要是应掌握一定的材料和工艺方面的知识，从而掌握主要的缺陷类型、缺陷形态、缺陷产生规律，没有这方面适当的知识很难正确识别缺陷影像。在上述基础上，可以从影像的几何形状、影像的黑度分布、影像的位置几个方面对射线照片上的影像进行分析、判断。

所要评定的射线照片必须是合格的射线照片，即只有符合质量要求的射线照片才能作为评定工件质量的依据和识别缺陷的依据。射线照片的质量要求是：黑度应处于规定的范围；射线照相灵敏度应达到规定的要求；标记系应符合有关的规定；表观质量应满足规定的要求。

为了保证对缺陷的识别，对评片条件提出的要求如下。

1）评片室。照明亮度应适当的低，应保证杂散光线在评定的射线照片的表面上不产生较强的反射光线，以免干扰对小细节影像的识别。

2）观片灯。光源亮度应可调整，并能达到与射线照片黑度相适应的值，标准一般规定的值为透过底片的亮度应$\geqslant 30cd/m^2$，接近$100cd/m^2$。

3）暗适应时间。为了能充分地识别射线照片上的细节影像，评片者在进入评片室开始观察射线照片之前必须经历一定的暗适应时间，以提高视觉的感受灵敏度。对暗适应过程所应经历的时间，射线照相标准中的主要规定是：从日光下转入评片暗适应时间不能少于5min；从室内光线下转入评片暗适应时间不能少于30s。

5. 典型工件射线照相检测技术

（1）环焊缝透照技术　环焊缝，即管件、筒件、容器等的圆周焊缝，按照工件直径、壁厚大小的不同和结构的特点，可以采用不同的透照方法进行透照。概括起来环焊缝的透照布置可分为以下几种。

1）源在外单壁透照方法（单壁单影）。射线源置于焊缝的中心线上，中心射线束垂直指向被透照焊缝。在这种透照布置中，胶片暗盒背面必须放置铅板，屏蔽来自工件内壁其他部分的散射线。

2）源在外双壁透照方法（双壁单影）。射线源应偏离焊缝中心线一段距离，以保证源侧焊缝的影像不与透照焊缝的影像重叠，并具有适当的间距。一般偏移的距离应控制在源侧焊缝的影像刚刚移出被透照焊缝热影响区影像的边缘。中心射线束方向一般应指向焊缝中心。

3）源在内单壁透照方法（周向透照、偏心透照）。即射线源放置在管件、筒件、容器等工件内部对环焊缝进行透照的方法，按照射线源放置的位置可分为两种情况。

周向透照——射线源放置在环焊缝的中心。

偏心透照——射线源不放置在环焊缝的中心。

显然周向透照布置时，由于透照厚度在一周焊缝上都是相同的，因此可以一次对整圈焊缝完成透照。只要可能，对环焊缝应尽量采用这种透照布置。

（2）小直径管对接焊缝透照技术　现行标准中通常定义管外径≤100mm的管为小直径管。对小直径管对接焊缝，其透照布置主要是椭圆成像透照布置和垂直透照布置。

椭圆成像透照是一种源在外双壁透照的方式，但这时射线穿过焊缝后在胶片上将形成整个环焊缝的影像，所得到的影像为椭圆形状。采用椭圆成像透照布置时小直径管焊缝应满足以下条件：

管外径$D\leqslant 100mm$；管壁厚$T\leqslant 8mm$；焊缝宽度$b\leqslant D/4$。

椭圆成像透照布置的基本要求是：射线源布置在偏离焊缝中心面适当距离的位置；中心射线束一般应指向环焊缝的中心轴线。椭圆影像（二侧焊缝影像）的间距常称为（椭圆影像）开口宽度，一般规定其值应近似等于焊缝自身的宽度。

椭圆成像透照次数的基本规定：

1) $T/D \leq 0.12$ 时，相隔 $90°$ 进行 2 次透照。
2) $T/D > 0.12$ 时，相隔 $60°$ 或 $120°$ 进行 3 次透照。

当小直径管对接焊缝不满足椭圆成像透照的条件或椭圆成像透照困难时，应采用垂直透照布置，这时一般规定间隔 $60°$ 或 $120°$ 进行 3 次透照。

6.5.4 辐射防护

人们很早就认识到电离辐射对人体的危害作用，并注意到安全防护问题。

描述辐射的物理量主要是：照射量、吸收剂量和剂量当量。

辐射作用于物体时由于电离作用，将造成生物体的细胞、组织、器官等损伤，引起病理反应，这称为辐射生物效应。辐射生物效应可以表现在受照者本身，也可以出现在受照者的后代。表现在受照者本身的称为躯体效应，出现在受照者后代时称为遗传效应。躯体效应，按照显现的时间早晚又分为近期效应和远期效应。

全部辐射生物效应按照辐射防护的观点可以分为两类：随机效应、非随机效应。

辐射生物效应对生物体可以造成损伤。辐射损伤过程主要有两种：急性损伤、慢性损伤。

辐射损伤与许多因素相关，主要是：辐射性质、剂量、剂量率、照射方式、照射部位和范围等。

对工业射线照相检测，应注意的是对外照射的防护，主要是从照射时间、照射距离、屏蔽三方面控制人员所受到的照射剂量。即减少受到照射的时间，以减少接受的照射剂量；增大操作距离，降低受到的照射剂量；采用适当的屏蔽物体，减少受到的照射剂量。

参 考 文 献

［1］中国就业培训技术指导中心．焊工（高级）［M］．2版．北京：中国劳动社会保障出版社，2012.
［2］人力资源和社会保障部教材办公室．电焊工（高级）［M］．北京：中国劳动社会保障出版社，2017.
［3］中国机械工程学会焊接学会．焊接手册［M］．北京：机械工业出版社，2008.
［4］王宗杰．熔焊方法及设备［M］．2版．北京：机械工业出版社，2017.
［5］王长忠．熔化焊接与热切割作业［M］．北京：中国劳动社会保障出版社，2014.
［6］赵卫．现代装备制造业技能大师技术技能精粹——焊工［M］．长沙：湖南科学技术出版社，2013.
［7］万升云，等．超声波检测技术及应用［M］．北京：机械工业出版社，2017.
［8］万升云，等．磁粉检测技术及应用［M］．北京：机械工业出版社，2018.
［9］万升云，等．渗透检测技术及应用［M］．北京：机械工业出版社，2019.
［10］万升云，等．目视检测技术及应用［M］．北京：机械工业出版社，2020.
［11］李家伟，等．无损检测手册［M］．北京：机械工业出版社，2012.
［12］国防科技工业无损检测人员资格鉴定与认证培训教材编审委员会．目视检测［M］．北京：机械工业出版社，2006.